"十三五"国家重点出版物出版规划项目

图解服务的细节

038

小売店長の常識

# 零售店长就该这么干

[日] 木下安司　竹山芳绘 著
王思怡 译

U0962823

人民东方出版传媒
People's Oriental Publishing & Media
東方出版社
The Oriental Press

# 目 录

前言 .........001

第1章　店长的职责和机能 .........001

1店长的工作 .........003

（1）何谓店长 .........003

（2）店铺的机能 .........005

（3）店铺运作和店铺管理 .........008

2自我变革的必要性 .........009

（1）店铺所处环境的变化 .........009

（2）适应环境和应对变化 .........010

（3）勇敢地抛弃以往的成功经验 .........011

（4）假说、验证很重要 .........012

3 沟通能力是重点 .........014
（1）顾客忠诚度的提高 .........014
（2）员工忠诚度的提高 .........015
（3）与顾客建立个人化的关系 .........017
4 店铺是地区社会的核心 .........018
（1）对地区社会的贡献 .........018
（2）地区社会的核心 .........018
5 重新定义店铺的经营范围 .........020
（1）何谓经营范围 .........020
（2）目标顾客 .........022
（3）经常对店铺经营范围进行重新评估 .........023
6 思考店铺成长战略 .........025
（1）成长战略 .........025
（2）竞争战略 .........027
第 2 章 发挥领导力 .........029
1 店长的领导力 .........031
（1）何谓领导力 .........031
（2）协作意愿、共同目标、信息沟通 .........032
（3）提高工作热情 .........033
（4）激发工作动机 .........034

2 领导力在日常工作中的运用 .........038

（1）领导力的类型 .........038

（2）员工的培养 .........040

（3）自我开发 .........041

3 店长的管理 .........045

（1）何谓管理循环 .........045

（2）管理和 management 的区别 .........046

（3）运营管理 .........047

4 领导力的养成 .........049

（1）确定目标 .........049

（2）抱有崇高的理想 .........050

第 3 章　提高与顾客的沟通能力 .........051

1 店长“培养人才”的重要性 .........053

（1）零售业和服务业的同一形态 .........053

（2）内部营销的重要性 .........054

2 第一步是提供商品的附加价值 .........056

（1）“创造者”“展示者”“购买者” .........057

（2）销售专家所必需的三要素 .........058

（3）有专家意识 .........059

3 接待质量决定商品价值的提高 .........060

（1）不花钱的最佳手段 .........060

（2）不出成果的话就毫无意义 .........062

（3）把该做的事做好 .........063

（4）小的契机能够提高购买体验的价值 .........064

4 软实力的发挥 .........066

（1）何谓软实力 .........066

（2）促进顾客的心理变化 .........068

（3）提升顾客参与型的魅力 .........069

（4）三种能力 .........070

（5）三种能力的平衡 .........072

第 4 章　打造有魅力的店铺 .........073

1 以打造“令人着迷”的店铺为目标 .........075

（1）安排相遇的场所 .........075

（2）从“卖场”向“买场”转变 .........076

2 店铺建设所必需的每天的积累 .........078

（1）竞争的增加 .........078

（2）消费者需求的变化 .........079

3 舒适且吸引人的卖场布置 .........081

（1）卖场布置的定义 .........081

（2）卖场布置的原则、掌握“8C” .........082

4 店铺设计方案的制订 .........086

（1）客流线计划 .........086

（2）过道宽度的确保 .........089

（3）商品总括（范畴）的确定 .........090

（4）商品配置（分区）的确定 .........091

5 激起顾客购买欲望的商品陈列 .........094

（1）陈列的两个侧面 .........094

（2）使顾客购买欲望减退的不安感 .........095

（3）明确重点商品 .........096

（4）激起顾客购买欲望的具体陈列手法 .........097

（5）好的陈列必须打破固有观念 .........101

第 5 章　学习数据分析管理、利润管理 .........103

1 要想确保营业额、利润，价格战略很重要 .........106

（1）价格的设定方法 .........106

（2）降价 .........107

（3）对价格有弹性意识 .........108

2 效果和效率的区别 .........110

（1）何谓效果 .........110

（2）何谓效率 .........111

（3）店长要从效果和效率两方面来看待数值 .........112

3 应掌握的几项数据 .........113

（1）营业额、费用、利润的关系 .........113

（2）加价率 .........115

4 营业额的基本公式 .........117

（1）营业额＝成交顾客数量 × 客单价 .........117

（2）营业额＝每名员工的营业额 × 员工人数 .........118

（3）营业额＝每 3.3 平方米的营业额 × 卖场面积 .........119

5 灵活利用盈亏平衡点营业额 .........122

（1）盈亏平衡点营业额的概念 .........122

（2）变动费用和固定费用 .........124

（3）降低盈亏平衡点营业额的策略 .........124

（4）通过盈亏平衡点营业额计算出为达成目标利润的必要营业额 .........125

（5）为达成盈亏平衡点营业额的必要销售量 .........126

6 恰当的库存管理的方法 .........127

（1）商品周转率 .........128

（2）交叉比率 .........128

第 6 章　人气店铺的备货品类 .........131

1 吸引顾客的店铺的备货品类 .........133

（1）顾客在选择店铺时最重视什么 .........133

（2）真正的“商品品类丰富” .........134

2 顾客认为有魅力的商品 .........137

（1）何谓魅力 .........137

（2）考量顾客的体验价值 .........138

3 商品的分类 .........141

（1）商品的三个分类 .........141

（2）分析商品的方法 .........142

4 单品管理的重要性 .........144

（1）把握需求动向并将之反映在商品计划中 .........144

（2）体系的构建很重要 .........145

（3）根据天气变化灵活地规划商品销售 .........146

5 迎合地域特性的备货品类 .........148

（1）便利店的备货品类也有地域差异 .........148

（2）了解商圈 .........149

第 7 章　从商品促销到顾客价值的创造 .........151

1 商品促销的重要性 .........153

（1）与多种业务相关 .........153

（2）推拉战略 .........154
（3）营业额可分解为成交顾客数量和客单价 .........155
（4）店内促销的思考模式 .........157
2 有计划的商品促销 .........159
（1）对商品有“季节性”意识 .........159
（2）商品的采购 .........160
（3）各个季节的活动安排 .........160
（4）各个季节的卖场布置 .........161
（5）进行效果测定 .........161
3 强化与顾客之间的关系 .........162
（1）增加重要性的 CRM.........162
（2）强化与“个体顾客”之间关系的市场营销 .........163
（3）与顾客之间关系的强化能够削减成本 .........164
（4）与顾客之间的关系是店铺的财富 .........165
（5）加深与顾客之间关系的过程 .........166
第 8 章　店长的信息管理 .........171
1 订货前的必要信息 .........173
（1）一次信息和二次信息 .........173
（2）过去的信息和未来的信息 .........174

**2 POS 数据的活用 .........177**

（1）POS 系统的优势 .........177

（2）假说、验证的循环 .........179

（3）缺货、断货和废弃损失 .........180

（4）合理订货 .........182

**3 顾客和信息 .........184**

（1）潜在顾客的表面化 .........184

（2）口碑的效果 .........185

（3）新产品的普及过程 .........185

（4）对顾客来说精简的信息才是重点 .........188

# 前言

在流通业环境变化激烈的背景下，零售店店长的作用开始增强。店长肩负着店铺相关的所有责任。店长必须在提高顾客满意度的同时，带领员工提高店铺的营业额、利润。而且，店长在面对发生在店铺里的任何不可预测的事态时，要能够迅速地应对。与店铺相关的所有权限和责任都集中在店长一个人身上。

店长不仅要严格遵守总公司的指示，还要积极地提出经营方案。为此，店长必须掌握与店铺相关的所有信息，精于管理店铺的各类数据是店长必备的能力。

也许会有人觉得因为要肩负如此重要的责任，所以不想当店长。但是，责任越大，这份工作的价值和意义也就越大。

本书主要面向新上任的店长，对领导力、沟通能力、店铺建设、备货品类、数据分析管理、利润管理、商品促销、信息管理等店长必须掌握的基本工作内容及要点进行了详尽的说明。

希望各位读者能找到管理和经营店铺的乐趣，并努力打造一家让顾客认为“有些与众不同”的店铺。如果你是一家连锁店的店长，那么希望你在读完本书后，能从众多连锁店店长中脱颖而出，让总公司对你刮目相看。

笔者所认为的“最理想的店长形象”，是能够让下属觉得“我也想成为店长”的人。读了本书的读者朋友们如果能向这种理想店长更近一步，就是笔者最大的幸福了。

最后，向在撰写本书过程中给予笔者诸多帮助的日本经济新闻社编辑部的田中拓先生致以深深的谢意。

2005年12月

木下安司

竹山芳绘

# 第一章

## 店长的职责和机能

# 1 店长的工作

### （1）何谓店长

如果将一家店铺比喻为一艘船，那么店长就是船长。船长对船的航行负全责。船长要领导驾驶员、轮机员、船员，使船平安地航行至目的港口。对于台风、飓风等不可预测的事态及突发事件要做出准确的判断，使船安然无恙地到达目的地。作为船长，必须具备领导能力和管理能力。对于船长来说，目的港口就是终点，而对于店长来说，却没有明确的终点。比如，可能下一任店长接任之时才是终点。

简单明了地描述店长的职责，就是“店长是拥有店铺相关的所有责任和权限，不仅要在发挥领导能力的同时严格遵守总公司的指示，还要发挥自己的创造力、领导店铺走向更高水平的领航员”（图 1–1）。

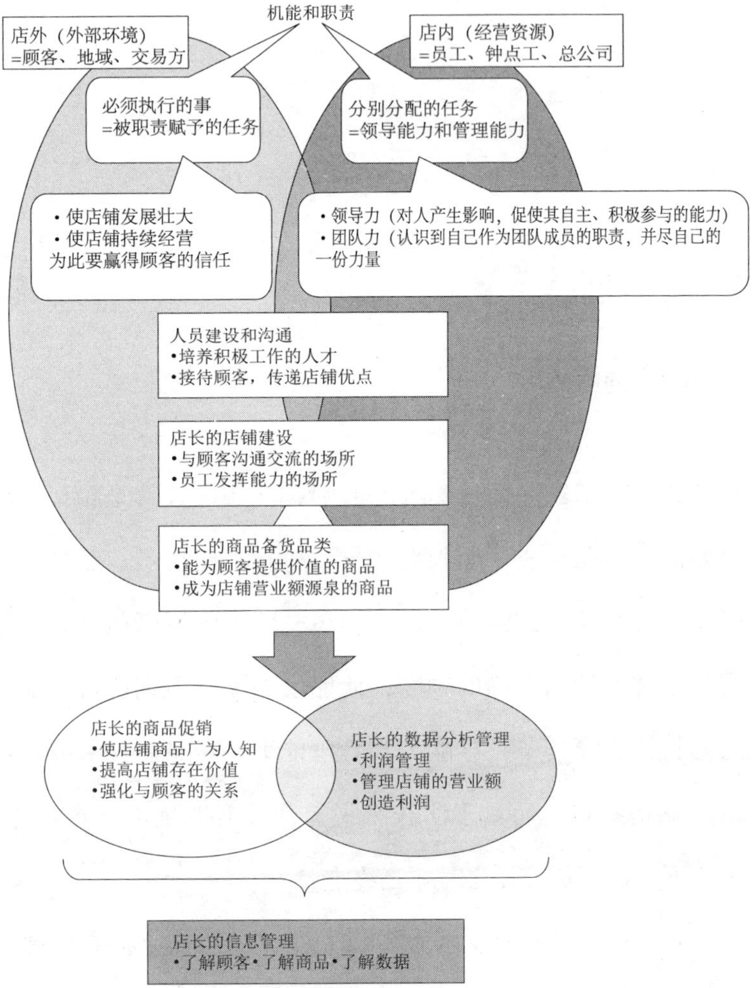


**图 1–1 零售店长的机能和职责**

## （2）店铺的机能

思考店铺机能的前提是一切以顾客的意愿为优先。无论店铺有多美观、有多富丽堂皇，如果对于顾客来说，商品陈设或过道设计使购物体验欠佳的话，就不能说是一家以顾客意愿为优先的店铺。对于顾客来说，拥有一个能轻松进入、轻松浏览商品、轻松购买、轻松离店、轻松自在的购物空间，才是顾客对店铺的基本要求，这一点请一定不要忘记。

在思考店铺机能时，有必要对顾客的购买心理进行分析。我们经常听到一些要打造出一个有故事性的卖场的理论，这是因为故事性的好坏恰恰能极大地左右营业额。

店铺除了商品的销售机能外，还有各种各样的机能。

### ①诉求机能

通过公告板、围墙、展示橱窗向顾客强调和宣传店铺。如果不能让顾客发现这家店铺并进店光顾，就无法产生营业额。

### ②诱导机能

在诱导机能中，包含了过道设计和商品陈列等重要因素。太过狭窄的过道会使顾客不方便购物、购物体验欠佳，从而使客单价难以提升。商品分类是让顾客难以理解的陈设的话，会降低顾客的购买欲望。

### ③促销机能

促使进店光顾的顾客购买商品的方法即为促销机能。在促销机能中，有 POP 广告（Point of purchase advertising）、广告明信片（Showcard）、店内广播等多种方法。应用这些方法的重点是使商品与季节相契合的内容构成。

### ④信息提供机能

所谓店铺的信息提供机能，包括新商品介绍、应季特卖、购物庆典介绍等方面。在考虑顾客购买心理的基础上，依据 AIDMA 法则提供信息。

AIDMA 法则的具体内容如下：

A（Attention）引起注意

I（Interest ）唤起兴趣

D（Desire）激起欲望

M（Memory）留下记忆

A（Action）购买行为

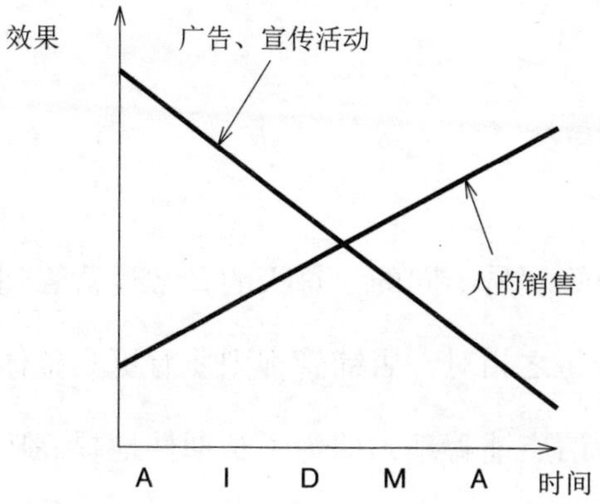


**图1–2　促销与AIDMA的关系**

图 1–2 展示了促销和 AIDMA 的关系。一般来讲，广告、宣传活动在引起顾客注意的部分效果最好，之后效果逐渐减弱。而另一方面，人的销售行为在引起顾客注意的部分效果较差，但在最后的购买行为的部分效果最好。店铺最重要的是结合 AIDMA 法则来为顾客提供信息。

**⑤管理机能**

所谓店铺的管理机能，是指办公室、后台区域、休息室等不直接与顾客接触的部分。顾客专用的休息室等也包含在管理机能中。

关于店铺机能的提高，店长必须利用和驱使员工、钟点工，进行认真彻底的运用、管理。

### （3）店铺运作和店铺管理

店铺的运作和店铺的管理是不同的。每天的日常运营管理是店铺运作的核心业务，与之相对，店铺管理则要有更为整体且长期性的战略思维。所谓店铺管理，即为了长期性地提高店铺营业额，为了增加顾客数量等，在展望店铺前景的同时有计划地进行店铺经营。店铺运作是对今天一天应如何度过的短期思考，而店铺管理是对一年后、两年后店铺应何去何从的关于未来发展的思索。

## 2 自我变革的必要性

### （1）店铺所处环境的变化

店铺所处的环境每年都会发生较大变化。要么是附近有家大型店铺开张营业，要么是某项法律发生了变化等，绝不会是与上一年完全相同的经营环境。因此，店铺和店长也必须每天寻求自我变革。

店铺所处的经营环境，分为外部环境和内部环境。外部环境又分为：①宏观环境；②微观环境。

将以上关系表格化，即为表 1-1。

如果店长仅关注店铺的内部环境，而把外部环境交由总公司负责绝不是一件好事。考虑到外部环境会给内部环境带来影响，就不能只考虑内部，对外部情况也要进行观察。

表1-1　外部环境和内部环境

| | |
|---|---|
| 外部环境 | ①宏观环境(企业无法进行统管)——经济状况、人口动态、政治、法律、技术动向、自然环境等 |
| | ②微观环境(企业能够进行半统管) ——顾客、竞争对手、批发商、供应商等 |
| 内部环境 | (企业能够统管) ——企业文化、人才、资金、资产、信息、技术等 |

对外部的宏观环境不可能进行统一管理，所以对于店铺来说，不是能够立即着手处理的问题。日本目前正面临少子老龄化现象的加剧，可以说单独一家企业或一家店铺不可能阻止少子老龄化的发展。但是，法律和制度的修正却会对店铺经营造成不小的影响，所以店长对外部环境要时刻关注。当然，也要掌握好属于微观环境的顾客、竞争店铺、供应商等的情况。

### (2)适应环境和应对变化

预先判断变化虽然很难做到，但尽早把握变化、及时应对变化却是可以实现的。零售业也被称为是应对变化的行业。在零售业中，便利店能在第一时间应对环境变化，营业额、店铺数量都在逐年增长。

适应环境型的店铺认为社会的变化都是静态的、暂时的。而应对变化型的店铺则认为社会是动态的、不断变化的。打个比方，适应环境型店铺认为社会变化就像是气候。虽然也会担心异常气候和全球变暖，但因为这些变化不常出现，所以就依据平均气温去生活。

相对的，应对变化型店铺则认为社会变化就像是天气。他们关心的是当天的天气，如果认为“今天有雨”就会带伞出门，如果艳阳高照就会想要“晒晒被子”。松原隆一郎教授曾经说“便利店并不是善于抢占先机，而是后期应对极为迅速”，这句话真是一语中的。

店长必须能够针对变化率先做出第一时间的应对。

## （3）勇敢地抛弃以往的成功经验

以往的成功经验有时也会阻碍下一次的改革。因为比起革新，人类甘于保守的倾向更强烈。对于店长来说，以往的成功经验并不会白白浪费，而是会成为自信的源泉和保证。但是，如果只拘泥于以往的成功经验，就无法对新鲜事物进行挑战。不要忘记在过去的成功时期和现在的情况这两者之中，店铺所处的经营环境已经发生了巨大的改变。在挑战新鲜事物的时候，要先暂时忘记以往的成功经验，开始重新思考。

在京都，有一家叫 DIONY 的酒类批发公司。在其叫作旧前田酒贩的时期，作为麒麟啤酒的特约批发商，年销售额曾一度超过 100 亿日元。但是，啤酒行业进入价格竞争的时代后，前田社长将特约权转让给了同行业的另外一家专门生产当地酒、烧酒、葡萄酒的公司。于是 DIONY 公司的营业额降至原来的四分之一，员工数量也减少至原来的一半以下。然而目前，该公司已将战略视野从京都、滋贺的市场扩大到了全国市场，开始积极开展营业活动。目前已经开始为位于东京新宿的伊势丹总店的葡萄酒专柜供货，这是他们在特约批发的时代想都想不到的事情。DIONY 公司如果拘泥于过去的成功经验，就不会有今天的成就。

### （4）假说、验证很重要

所谓假说，是指“我认为可能是这么回事。之所以这么说是因为有这样的理由”这种表示自己的意志和想法的言论。店长根据自己的假说进行店铺的日常经营非常重要。这是因为假说的设定→实行→假说的验证这一循环既是提升自我思考能力的方法，也是管理店铺的有效方法。

假说包含有自己独到的想法，为了证实自己的想法，必须要收集、分析信息，仔细思考事物，并思考如何赋予其理由。

也就是说，假说是进行经营管理的循环。

建立假说，开始实行，验证该假说是否正确，如果不正确，就分析产生错误的原因。假说的设定→实行→假说的验证的这个循环，不仅是店长，下属也应每天在日常工作中实行，并使其成为习惯，这一点十分重要（图1–3）。

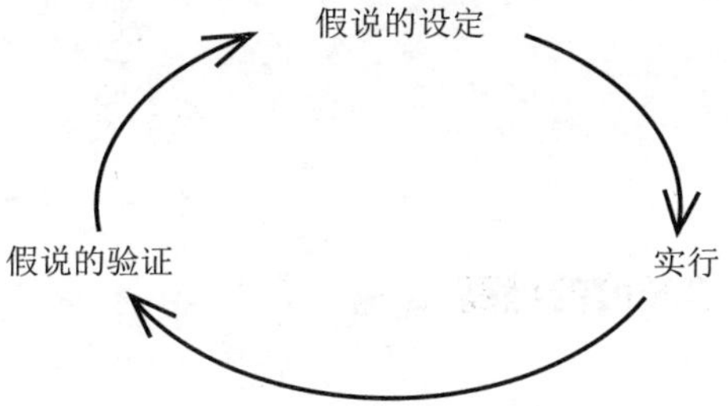


**图1–3　假说、验证的循环**

在零售业，订货时会用到“假说”这个词。订购什么、何时订购、订购多少，这在零售业的日常业务中是一项最为重要的决策。这一预测一旦失误，会对顾客和供应商都造成很大的影响。如果认为建立假说很麻烦，按照与昨天一样、与上周一样、与去年同月份一样等的横向比较进行订货的话，绝不可能使店铺的营业额提升。不仅如此，还无法调动店铺员工、钟点工的工作热情，影响店铺的整体士气。所以，就算说店长、员工、钟点工都要用假说、验证的循环来磨炼自己也不为过。

# 3 沟通能力是重点

## （1）顾客忠诚度的提高

店长最应该在如何提高顾客对店铺的忠诚度上下功夫。顾客忠诚度高的店铺，即使不挖空心思地吸引顾客，顾客也会自发地光顾这家店铺，这样做实质上是节省了一笔促销费用。

Frequent Shoppers Program（FSP，频繁购物者计划）：这是一种使顾客固定化的方法，该方法认为全体顾客中的两成顾客能创造八成的店铺营业额。所谓 FSP，指把注意力集中在来店消费频率较高的忠诚顾客身上，把这些顾客的生活方式、家庭构成、购买倾向等制作成数据库，然后针对每位忠诚顾客分别展开店面促销活动的一种方法。采用 FSP 方法能产生如下效果：①个别应对效果（分别应对每位消费者）；②成本削减效果（印刷媒介不是绝对必要）；③信息积累效果（可以测定促销效果）；④集客效果（店铺忠诚度的提高）。

如果对所有的顾客都一视同仁，对于店铺来说会增加成本，从顾客忠诚度的观点出发，也是必须要重新考量的问题。如何尽可能多地培养忠诚顾客、核心顾客，店长和员工等所有工作人员必须始终共同思考并进行实践。

### （2）员工忠诚度的提高

顾客忠诚度较高的店铺，员工忠诚度也较高。包括钟点工在内，如果在店内工作的所有员工都能对店铺抱着忠诚的态度去工作，那么这对店长来说就是最可喜可贺的事了。在服务营销的铁三角（图 1–4）中，对企业来说，员工也属于顾客的一分子。对员工进行培训并赋予其工作意愿的理由就在于此。企业不仅要要求员工陈列和摆放优质商品，还要防止因员工接待服务质量差而导致顾客流失。为此，必须要对员工进行培训，提高员工的服务水平。

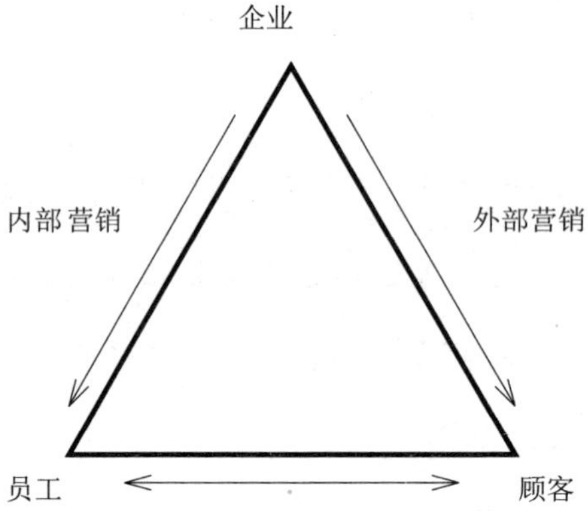


**图1–4 服务营销的铁三角**

（出处）菲利普·格朗鲁斯著，恩藏直人译:《格朗鲁斯的市场营销管理》，Pearson 教育出版。

企业、员工、顾客之间的关系如下所示：

**①企业和顾客——外部营销**

是在“店铺”和“顾客”之间开展的活动，即广告、宣传等针对顾客进行的市场营销活动。

**②企业和员工——内部营销**

是在“店铺”和“直接接触顾客的人员（代表店铺，应对顾客的重要人员 =CP）”之间展开的活动，具体来说，是指提供服务的店铺针对员工、钟点工以及为店铺工作的所有店内人员，进行培训并帮助他们理解服务的意义，为使他们能够提供令顾客满意的服务而进行的一系列营销活动。

**③员工和顾客——互动营销**

“顾客”和“CP”之间展开的营销活动。服务在多数情况下都是生产和消费同时进行的，顾客和CP的相互作用会对服务的品质产生较大影响，所以互动营销活动非常重要。

### （3）与顾客建立个人化的关系

店长为了与顾客建立个人化的关系，需要熟记顾客的长相和名字，在顾客光顾时能够直呼其名。个人化的关系，可以说是提高顾客忠诚度的重要一环。

能使与顾客一对一的关系变得更加紧密的营销方法被称为one to one marketing。店长要想扩大顾客占有率，就必须让正式员工和兼职人员充分理解服务的意义和目的。

## 4 店铺是地区社会的核心

### （1）对地区社会的贡献

店铺是无法独立存在的，是与地区环境共存的。店铺在其所在地区雇用正式员工和兼职人员，给在当地生活的人们提供购物消费的空间，并以向当地缴纳税款和实施地区环境保护等形式回馈地区社会。另外，店铺还会协助当地举办庆典和活动。

在有社会贡献意识的营销活动的重要性不断提升的形势下，店长应积极地投身于地区社会，强调和宣传店铺存在的意义。

### （2）地区社会的核心

未来，店铺肯定会成为地区社会的核心。正如上文所述，店铺除了销售相关的机能外，还担负着诸多机能。未来，店铺必须具备作为地区社会核心的机能。能够聚集群众，并为群众提供一个群众共有生活场景的场所，这才是店铺。还可以考虑充分利用便利店（CVS）一天24小时营业等的优势，使其成为支援水灾、地震的据点，提供医疗帮助的据点。

## 5 重新定义店铺的经营范围

### （1）何谓经营范围

所谓经营范围，是指确定了的事业方向性、店铺的发展方向性。店铺的经营范围，也可以说就是店铺的特性。如果不确定方向性，那么船或许会到达一个意想不到的港口，也或许会失事或遇难。店长是店铺的“船长”，既然是船长，就必须向全体船员明确指示出前进的目的地，认真地掌好舵。“什么都别问，跟着我来”这种类型的店长，未来估计会难以率领年轻的员工们一直前进。店长必须确定好方向，并说明为什么选择这个方向，在获得员工理解和认同的基础上负责整条船的航行。为此，必须要明确店铺的经营范围。

一般来讲，店铺经营范围的构成要素主要有以下三点：

①对象（目标顾客）——决定面向谁营业。中小型店铺要细分和精确化对象顾客。

②内容（不仅是顾客机能、商品，还包括对事物的想法）——比如化妆品店虽然是在销售化妆品，但也是通过化妆品这一媒介在向女性销售“想要变美”的梦想。“想要变美”就是对事物的想法。

③方法（独家技术）——灵活运用自身的优势，如果拥有能够与其他店铺产生差异化的技术，就能够在竞争中占据优势地位。

即使与竞争对手的目标顾客、顾客机能相同，只要有独家技术，销售方法就不同，生意也就能更成功。如今，CVS 专卖商品数量已经占据了整个 CVS 商品数量的一半，而 20 年前、30 年前的 CVS 是以自主品牌（NB）商品为中心进行备货的。可以说，便利店这类零售店铺首先打出了为顾客提供便利性的营销手段，而因其③的独家技术（全年无休、24 小时营业）与其他的零售店截然不同，所以获得了巨大成功。

经营范围不明确的店铺，对顾客来说也是购物体验较差的店铺。之所以这么说是因为这类店铺的设计没有特色，缺少某些能够吸引顾客的东西。

将店铺的经营范围归纳成一个词的话就是“店铺经营理

念”，或“经营理念”。

店长必须正确理解企业自身的经营范围是什么，自己店铺的经营范围是什么，并明确地展示给员工和顾客。

作为参考，笔者将前文提到的酒类批发公司 DIONY 的经营范围总结了出来，如表 1–2 所示。该表明确展示了该公司的经营对象、内容、方法。

**表 1–2 DIONY 的经营范围**

| |
|---|
| DIONY 的品牌名称来自“dionysos(希腊神话中的酒神)”和“harmony(和谐，融洽)”两个词 |
| 有葡萄酒相伴的和谐生活 |
| 与当地酒共存的和谐 |
| 见证人们的喜悦和幸福 |
| 我们衷心地希望能用我们的产品帮您编织出幸福的和谐生活 |

（出处）DIONY 官方主页。

## （2）目标顾客

中小型店铺和大型店铺的战略会有所不同。大型店铺能将所有的顾客层都作为目标顾客，但中小型店铺要细分和精确化顾客层。这是因为中小型店铺与大型店铺相比，在人员、物品、资金、信息等经营资源方面均有所限制。对市场进行的细分和精确化被称为市场细分战略。市场细分的基准有：①人口统计学因素（人口动态要因）；②心理统计学因素（心理要因）。单纯地依据人口动态要因进行市场细分的话，效果会有所限制，因此，进行市场细分时大多会加入心理要因。

要想调查心理要因的变量，就必须进行消费者调查。

### （3）经常对店铺经营范围进行重新评估

即使确定了经营范围，也不是说要永远保持这一范围不变。如果店铺所处的环境发生变化，就必须变更经营范围。因此，必须每隔两三年就定期地重新评估和更改店铺的经营范围。重新评估经营范围的步骤如表 1–3 所示。

**表1–3　重新评估经营范围的步骤**

| |
|---|
| ①经营理念的再次确认<br>↓<br>②经营目标的再次确认<br>↓<br>③环境分析(外部环境和内部环境、SWOT分析)<br>↓<br>④经营范围的再定义 |

也就是说，要想重新评估经营范围，就要再次进行环境分析。环境分析要由店长、正式员工、钟点工、兼职人员进行。环境分析的项目一定要包括对竞争对手店铺的调查，这是

对平时比较容易忽视的竞争对手店铺进行客观分析的绝佳机会。从外部环境中，找出企业自身的机会（Opportunities）和威胁（Threats）是什么，并让全体员工共享。在内部环境中，明确企业的优势（Strengths）和劣势（Weaknesses）是什么。

在 SWOT 分析的过程中，实现店长和店员之间的信息共享，这也是环境分析的附带好处。

# 6 思考店铺成长战略

## （1）成长战略

店长始终保持获胜的心态是店铺胜利、成功的秘诀。在前文环境分析的内容中我们已经明确，积极地向机会发起挑战的态度是店长的必备素质。索尼之所以从一个镇工厂发展成为全球知名企业，被认为是因为其勇敢地迎接了挑战。致力于提高营业额的店长、朝着目标勇敢地挑战和尝试的店长，自然会获得员工们的追随和支持。从店长选择维持现状的那一刻开始，店铺经营也就开始走向衰退。店长要时刻向前看，以店铺的成长和壮大为目标。

经营管理学者安索夫提出企业的成长战略分为：①市场渗透战略；②市场开发战略；③产品延伸战略；④多元化经营战

略四种。店长要最终决定采用哪一种成长战略。

### ① 市场渗透战略

用现有商品进行市场渗透的战略。把商圈占有率、顾客份额和市场份额分开进行分析。要想提高每一位顾客的顾客份额（购买量和购买产品），必须要做的就是前文探讨过的提高顾客忠诚度。

### ② 市场开发战略

如果市场渗透达到了极限，下一步就是进行新市场的开发。这就是扩大范围战略。应开发哪个商圈，要根据市场调查结果来决定。

### ③ 产品延伸战略

这里所说的产品延伸战略是指开发新的类别的商品，并销售给现有顾客。有时也会与②市场开发战略同时进行，但中小型店铺由于经营资源有限，将②和③这两个战略分开实施更为合适。

#### ④ 多元化经营战略

市场和商品领域都向全新领域发展的战略。零售业涉足服务行业就是一种多元化经营战略。但一旦市场和商品无法发挥出协同作用效果，就会相应地增加事业风险。所以店长必须慎重地推进多元化经营战略。

### （2）竞争战略

店长不能仅将同行业的其他公司作为自己店铺的竞争店铺。店铺的竞争要因可以从五个视点出发来把握，具体请参考经营管理学者波特（哈佛学院教授，商业管理界公认的“竞争战略之父”）的竞争要因分析的内容。

波特将竞争要因分成以下五个视点来进行考察（图 1–5）。

①同行业竞争者之间的敌对关系。

②来自新竞争者的威胁。

③可替代品的威胁。

④来自买方的威胁。

⑤来自卖方的威胁。

如果只关注目前的敌人（竞争店铺），就有可能看错问题的本质。店长在竞争战略上，不能仅用微观视点，而应以宏观视点来进行多方面的把握。

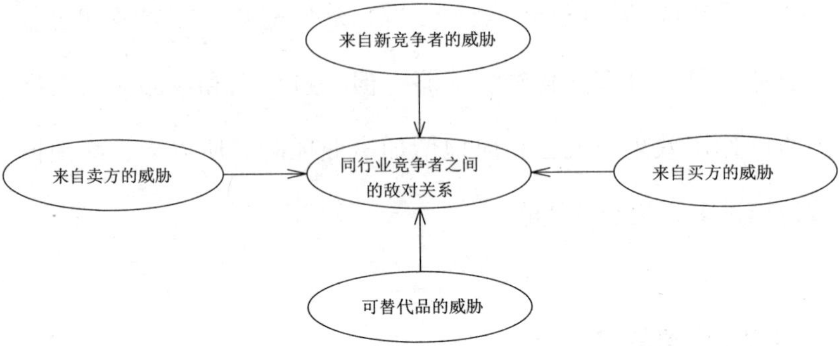


**图1-5 波特的竞争要因分析**

（出处）M.E.Poter 著，土岐坤译：《竞争优势战略》，钻石出版社出版。

# 第2章

# 发挥领导力

# 1 店长的领导力

## （1）何谓领导力

如果将店铺比喻成一个圆，店长就是圆心。对店长来说，如果店铺是一座城市，自己就是这座城市的市长。店长作为领导者，其任务就是发挥领导力，调动正式员工和兼职人员，最终达成店铺的目标。经营管理学者郝塞(P.Hersey)和布兰查德（K.Blanchard）将领导力定义为“是在管辖范围内，为达成目标对个人及团队产生影响的过程”。这一说法至今仍被广泛认可。

领导力也可以说是领导者应具备的资质、能力。店长主动发挥领导力，为了店铺的管理、运作能够顺利进行，整顿卖场环境、职场环境，让下属员工和兼职人员都能够心情愉快地工作，这是店长的职责。

曾任日本职业棒球队中日龙队教练的落合博满在选手的训练和指导方针上，曾做过以下阐述：“创造出能让选手认真打棒球的环境。让球员们在打棒球时不是听命于他人，而是自己去判断，打出技术型棒球。”（《日本经济新闻》2005 年 9 月 1 日）

棒球虽然与零售业有区别，但领导者的作用在本质上是相通的。越是能够让员工自主思考、自主行动的组织越强大。心理学家德西（美国心理学家爱德华·德西）将员工自主开展工作的动机的水平称为“自发地形成动机的状态”。领导者的目的不应该是让员工和兼职人员按照自己的指示行动，而是要建立一个管理体制，让员工们都“自发地形成动机”。领导者应为之努力的理想组织不是被动的组织，而是主观能动的组织。

### （2）协作意愿、共同目标、信息沟通

为了发挥领导力，必须让组织活跃起来。系统组织理论的创始人巴纳德认为，成立正式组织的要素有以下三个：

①协作意愿——一个组织，如果没有向构成组织的成员的活动提供协作和帮助的意愿，就无法成立。

②共同目标——一个组织，通过协同合作去完成靠个人无法完成的事情，进而形成的一致目标。

③信息沟通——即使有了协作意愿和共同目标，如果缺少将两者结合起来的信息沟通，也无法使团队共同行动。

协作意愿、共同目标、信息沟通三点齐备，并发挥出各自机能的状态就是组织较活跃的状态。

员工具备协作意愿、有共同的目标，但如果信息沟通差，也有可能导致组织不振。虽然店长思考并执行解决策略也很重要，但和员工一起思考对策并付诸实践的话，效果会更显著。之所以这么说，是因为即便是对从上至下式命令表示反感和抵触的员工，也会对由下至上式的自发思考出来的对策积极地推进和实行。店长只需要制造一个契机。对变化能积极应对，自发形成内在动机，并激发员工动机的店长，才是真正的领导者。

### （3）提高工作热情

虽然店长自主行动很重要，但全员参与共同布置卖场、应对困难也很重要。占店长业务较大比重的就是激发下属工作动机和提高员工工作热情，如何才能让下属充满干劲儿地工作，这需要店长每天都要多次试验，不断地经历失败并反复摸索。店长不仅要结合店铺的生命周期改变领导模式，还要根据下属员工的不同类型对领导模式做出细微的改变。另外，店长还必须主动学习理论知识。员工的工作热情并不是靠店长说句话就能得到提高的，而是需要店长将他们引导至能够自发提高工作热情的方向上。

要想激发员工的工作动机，店长最好熟知研究人类欲望从何而来的动机理论知识。

### （4）激发工作动机

经营管理学者赫茨伯格（美国心理学家、管理理论家、行为科学家，双因素理论的创始人）认为，人们不仅会因为工资和奖金等保健因素产生工作动机，还会因为工作本身、成就动机、称赞等直接因素（激励因素）产生工作动机。这一理论叫作“保健、激励理论[①]”（表 2-1）。店长应该在照顾到职场环境和人际关系的同时，采取月度表彰、人员配置转换、职务丰富化等措施，激发员工的工作动机。

---

① 激励保健理论（Hygiene-motivational factors），即双因素理论（Two Factors Theory），由美国心理学家弗雷德里克·赫茨伯格于 20 世纪 50 年代末提出。双因素理论认为引起人们工作动机的因素主要有两个：一是保健因素，二是激励因素。

表2-1 赫茨伯格的“保健、激励理论”

| 保健因素(防止对工作产生不满) | 激励因素(激发积极的工作态度) |
|---|---|
| ·公司的方针<br>·管理方法<br>·与管理人员的关系<br>·工作环境<br>·工资 | ·成就<br>·认可<br>·工作本身<br>·责任<br>·升职<br>·成长 |

在激发员工工作动机的方法中，如果以员工为主体来考虑，则有内发的动机和外发的动机两种方式，可以分为以下四种类型：

①工作本身（上述的内发的工作动机）。

②由店长领导及被影响的方法（外发的工作动机）。

③职场的人际关系（外发的工作动机）。

④经济的、物质的因素（外发的工作动机：工资、奖金、商品等）。

店长在思考外发的工作动机的同时，还要激发和促进员工产生内发的工作动机。

关于使下属产生内发的工作动机的方法，具体策略有如下几种：

①唤起兴趣：抓住并掌握每位员工的个性、特征，想办法找出能够唤起员工兴趣的工作分配方式和下达指示的方法。

②目的、目标的明确化：通过让员工自己发现目的、目标，促使其付诸行动。

③对关联性的理解：如果按照员工级别，随着级别的下降，工作越被细分、分类，会很容易导致员工对工作失去兴趣。让员工们了解了自己在整体中的位置和关联性，他们就能找到工作的意义。

④报告结果：让员工报告行动的结果、工作的结果，就能让下属对工作及自身有一个更正确的认识。接下来员工就能认识到应该如何去做，并能激发出成长意愿。

⑤成功体验：成功能刺激人更加努力，失败则会使工作意愿减退。成功感越强，人们制定的下一个目标就越高。因此，要让下属把目标设定得稍高一点，以让他们体验到成就感。

⑥称赞其的努力、取得的成果：没有人讨厌被表扬。一般而言，比起讥讽，或是斥责，表扬更能建立一个人的自信心，燃起其向着更高目标前进的意愿。

另一方面，关于外发的工作动机的激发（人为地从外部刺激、激发员工工作动机）方法中，有以下几种：

①赏与罚：这是一种利用了人们想要被认可、想要超越他人的欲望的心理特点。

②促进竞争：强调对手意识的一种方法。不过对于需要进

行复杂的判断和思考的工作没有多少效果。

③强制或协同：利用上司的强势命令和来自团队的压力。

在激发员工的工作动机的方法中，采用外发的工作动机的激发方法时，有一定的操纵员工内心的危险性。所以重要的是将外发的工作动机的激发方法作为提高内发的工作动机的一种手段来考量。

# 2 领导力在日常工作中的运用

## （1）领导力的类型

在店长的领导能力中，一般有专制型领导力、民主型领导力、放任型领导力三种类型。理想状态下，民主型领导力是最合适的，但专制型领导力有时也有其存在的必要性。

根据环境的不同，应改变领导力类型，这是领导力应变理论。在较具代表性的应变理论中，有一个理论是郝塞和布兰查德的 SL 理论（Situational Leadership Theory）。郝塞和布兰查德提出，根据下属员工的成熟度，领导力的类型应分为四种风格（图 2-1）。

①告知型领导风格。

②推销型领导风格。

③参与型领导风格。

④授权型领导风格。

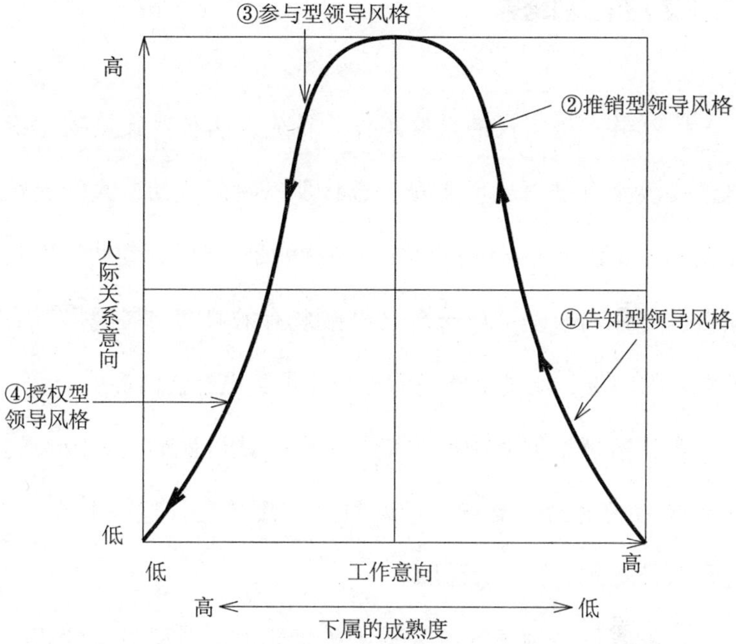


**图2-1　SL理论**

如果下属员工的成熟度低，就采用告知型领导风格，随着员工成熟度的逐渐升高，领导力的风格也可以逐步变为推销型、参与型、授权型。为此，店长要切实把握好每位下属员工的工作情况，比如采用向 A 发挥告知型领导风格，向 B 发挥参与型领导风格等方式，分别针对每位员工和兼职人员，改变应对方法。如果全体员工的成熟度都达到了最高点，那么店长就可以采用授权型的领导风格了。

### （2）员工的培养

培养员工是店长的重要工作。首先，店长要让员工意识到自己要改变自己。从想要安于现状那一瞬间开始，人的成长就停止了。要让员工意识到“维持现状就是后退”，为此，店长必须自己先做出改变。店长自己打破现有的束缚，展现出努力追求成长的态度，比用100句话来教导员工更有价值。

店长给员工创造做出改变的契机，认可他们变化成长的过程和所做的努力，支持、帮助员工实现改变，这点非常重要，也是店长所面临的一大课题。

正如我们在领导力的类型中曾提到的，下属员工的情况千差万别，能力也是千差万别，因此在判断出下属员工的类型之后，有必要对员工能力进行开发（表2–2）。

表2-2　下属能力类型和指导培训的要点

| 能力类型 | 指导培训的要点 |
|---|---|
| 知识型<br>（技能、意愿不足） | ·提供运用知识和理论的场所<br>·给其设定目标、提高其意愿，培养其对工作的主人翁意识<br>·进行技能训练 |
| 技能型<br>（知识、意愿不足） | ·给予机会，培养其开阔的视野<br>·分配给其各种各样的工作，建立其自信<br>·进行基础知识的教育 |
| 意愿型<br>（知识、技能不足） | ·一步步地进行彻底的基础教育<br>·逐渐扩大其工作范围，移交其一定权限<br>·提示方法、帮助其自我开发 |
| 知识、技能型<br>（意愿不足） | ·让其合理地进行课题及目标的设定<br>·激发其各种工作动机<br>·正确评价其工作成果 |
| 知识、意愿型<br>（技能不足） | ·让其实践以加深经验<br>·让其灵活地利用失败和错误<br>·认真监督的同时逐渐委任其一定工作 |
| 技能、意愿型<br>（知识不足） | ·进行基础知识的教育<br>·有效利用Off-JT<br>·给予其课题并让其自主研究 |
| 理想型 | ·授予其较大权限<br>·让其挑战较高难度的工作<br>·讨论其下一个职位和轮换 |
| 全面不足型 | ·从知识、技能、意愿中选出一项进行集中指导培训<br>·让其合理地进行自我认知<br>·讨论其在该工作中的合适性 |

（出处）杉本收：《酒类行业经营活跃化研修资料》。

## （3）自我开发

所谓自我开发，是指员工自发地进行自我能力开发的方法，是员工基于自己的兴趣、所关心的问题，以提高自己的知识和能力水平为目的而进行的活动。店长不能强制性地要求员工进行自我开发，最多也只能对员工的自发性行为提供帮助和支持，这一点很重要。

从业人员的能力开发方法有 OJT、Off-JT、自我开发三种。通常，按照 OJT、Off-JT 的顺序依次导入，最后再进行自我开发。在进行 OJT 的过程中导入 Off-JT，员工能对自己的知识进行再次整理。

### ① OJT

在开展业务的过程中，由拥有经验和知识的上司以及老员工，教授开展业务的技巧和知识的同时，培养自主开展业务能力的开发方法。

### ② Off-JT

不是在职场，而是在研修场所等其他场所集中进行的一种能力开发方法。该方法的好处是，能够系统地学习开展业务时的必备知识。

### ③自我开发

自我开发有以下方法：

a. 参加函授教育讲座。

b. 参加走读式讲座。

c. 视察国内、海外的企业。

d. 参加志愿者活动。

为了奖励员工自我开发的行为，可以选择以下两种方法：①时间上的支持；②经济上的支持。虽然这种奖励不能由店长独断专行地去决定，但即使无法提供②经济上的支持，也最好通过某种方式对员工进行①时间上的支持。

除这两种方式外，店长还不能忘记对员工进行③心理上的支持。口头上表明“我全力支持下属进行自我开发”，并表现出支持的态度，能够让下属更加积极地进行自我开发。更准确地说，店长对①时间上的支持，②经济上的支持，③心理上的支持的表示都非常重要。

老字号日式点心制造、销售商虎屋，从20多年前就开始下大力度支持员工进行自我开发。虎屋为支持员工进行自我开发，于1992年设立了“Egg21”制度。该公司表示，设立该制度的目的是积极地支持具有工作以外的能力的员工。

该制度对报名参加自我开发计划的员工提供资金援助及带薪休假，帮助员工实现自我开发。至今，该制度已对海外志愿者活动、登山活动、奥林匹克运动会等多种项目进行过支持和帮助。

该公司认为，“我们旨在培养内心丰富的人才，如果能用这样的人才满怀真诚地去制作点心，那么他们为顾客呈上的点心也会是形色兼备的”。

这句话恰如其分地表现出了自我开发的终极方向。

## 3 店长的管理

### （1）何谓管理循环

这里所说的管理，是指经营管理。店长必须进行合理的店铺运营，强化店铺机能。为此，必须最大限度地发掘出下属的能力，最大限度地利用现有的经营资源，达成任务目的、目标。

店长进行经营管理时所采用的方法就是管理循环。

管理循环是将经营管理按照计划→执行→检查→行动的顺序进行循环运转。比如，如果目前的课题是优化公司内部的沟通交流方式，则应按照以下步骤进行。

**①计划（Plan）**

在全员参与的会议上对该课题进行彻底讨论，最终确定出获得大家认可的目标、方针、任务。

②执行（Do）

给员工一定的酌情处理事情的余地，使员工能够尽情地去工作。即使失败了，但只要不是太大的错误，就让员工自己去检查和改正。在员工互相帮助的过程中，达成目标。

③检查（Check）

定期地进行自我评价，思考无法达成目标的原因，并探究解决方法。能力不足时，采取自我开发等措施。

④行动（Action）

围绕今后的实施方案进行讨论，在下属感到迷茫时给出建议。

### （2）管理和 Management 的区别

管理主要用于表示“检查”或“控制”等意思。而 management 则主要着眼于让下属发挥出最大的能力，或者最大限度地利用现有的经营资源，达成任务目的、目标。

如图 2-2 所示，management 的范围可以按时间轴和工作轴分为四个部分。纵轴表示的是时间轴，最上面代表现在，随着时间轴的向下推移逐渐变为未来意向。横轴代表工作和人的侧面，左侧是工作意向，右侧是个人意向。

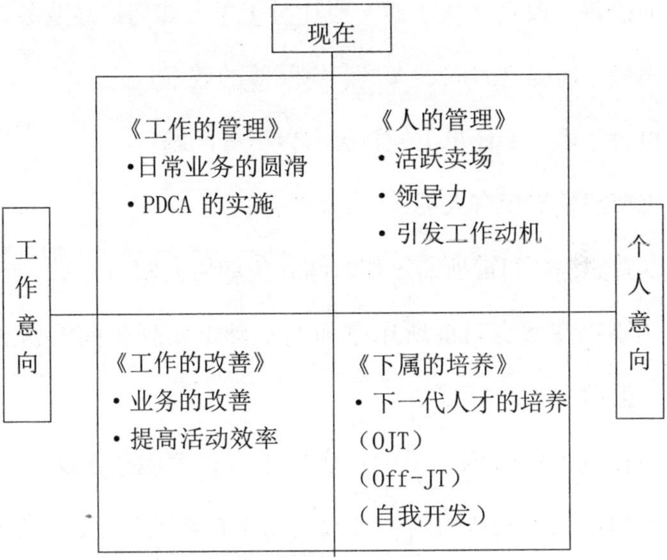


**图2-2　店长management的范围**

（出处）杉本收：《酒类行业经营活跃化研修资料》。

## （3）运营管理

运营管理也可以称为经营管理。在运营管理中最重要的事就是，确认每天的例行事务是否正确、是否在有效地运转着。如果把工作分为①固定业务，②非固定业务，那么切实完成固定业务就是店铺经营的中心课题。

要想切实、有效地运转固定业务，应首先从尽可能地将店铺业务固定化、标准化（手册化）入手。当然，仅将店铺业务标准化（手册化）并不是就万事大吉了，还应该让员工经常思考如何改善、改良工作手册。要让员工思考如何提高业务效率，如何去做才能提高时间、人员、空间等的效率。

也就是说，要让员工经常思考以下等问题：

①要想精简现有人员，应如何去做。

②要想缩短目前所需工作时间，应如何去做。

③要想在减少目前所用空间的基础上实现相同的营业额，应如何去做。

要让员工们时刻意识到：店铺中有很多亟待解决的问题。要让下属员工深刻认识到：发现卖场中存在的问题，并解决问题，才是业务的核心。

# 4 领导力的养成

## （1）确定目标

连自己的工作动机都不明确的店长，是无法激发下属的工作动机的。店长必须首先建立自己的工作目标，并朝着目标迈进。当然，店长也背负总公司下达的目标数值任务。但是，除了目标数值，定性目标也不可或缺，该目标既不能遥不可及，也不能太过简单。如果把现实状况看成是100分，则店长的目标以设定在150~200之间为佳。笔者想再次重申的是，店长向员工展示出朝着较高目标迈进的努力姿态十分重要。有个词叫作“带头示范”，就是说，向着目标努力迈进的店长，自然会得到员工的拥戴和支持。店长无论如何都不能打退堂鼓，在店外也不要忘记要身先士卒。

目标确定后，要在全体员工面前宣布出来。店长通过在其他人面前宣布工作目标，在提高自己工作热情的同时，还能坚定决心，坚定不移地向着目标发起挑战。下属在看到店长的态度后，会自然而然地产生自己也要奋起一搏的意识。

**（2）抱有崇高的理想**

作为领导，应该抱有崇高的理想旗帜，率领整个店铺朝着目标前进。因为目标数值只体现在表面，所以最好能提出超越数字的目标。理想也被叫作理念、愿景。店长要与店铺里的主要员工一同探讨店铺应选择的发展方向。只要确定了店铺的发展方向，该发展方向就会成为员工的精神支柱。正如日式点心制造商虎屋提出的愿景："我们旨在培养内心丰富的人才，如果能用这样的人才满怀真诚地去制作点心，那么他们为顾客呈上的点心也会形色兼备的。"

但店铺的愿景不能脱离总公司的经营理念和经营目标。店铺各自的愿景与组织成立的要素——共同目标紧密相连，这是保持员工工作热情、店长开展日常经营的基础。

# 第3章

# 提高与顾客的沟通能力

# 1 店长“培养人才”的重要性

## （1）零售业和服务业的同一形态

店铺是建立在店长、正式员工、兼职人员、顾客、交易方、当地居民和地区社会的复杂关系之上。店长必须建立、保持与所有这些相关人员之间的良好关系。在此，笔者想特别围绕与店铺的实际运营息息相关的正式员工、兼职人员和顾客之间的关系，做进一步细致的研究和说明。

可以把零售业与服务业看成是同一种形态。服务业与制造业等不同，被广泛应用的是“服务、营销”的思考方式。所谓服务、营销，即对于企业来说，营销的对象不仅是直接的顾客，还包括正式员工、兼职人员，这样的思考方式。

### （2）内部营销的重要性

每天都与顾客接触的人，不是店长，而是正式员工、兼职人员。企业（零售业）无论将店铺布置得如何美观，无论陈列的商品经过了如何严格的筛选，只要在接待顾客的阶段出现失误，顾客就不会再次光顾该店。如果只是这一位顾客不再来店消费，那么对店铺的损失和影响还比较轻微。但我们都知道，每一位顾客的背后都会有70位朋友、熟人。俗话说，“好事不出门，坏事传千里”，对店铺的一句负面传闻也有可能使店铺的名声一落千丈。

因此，店长必须要着重负责提高接待顾客的前台员工、兼职人员的待客技术水平、帮助他们充实商品知识。对于正式员工、兼职人员等直接接触顾客的人员，店长要督促他们积极地开展面向顾客的营销。

将正式员工、兼职人员等直接接触顾客的人员也当作顾客，开展内部营销的实践活动可以分为以下三类：

①标准化、手册化（店铺运营手册、系统手册等）。

②能力开发（OJT、Off-JT、自我开发）。

③工作动机（保持、提高工作热情）。

店长不仅要准备好店铺运营手册以及系统手册，还要全力对正式员工、兼职人员进行有计划的能力开发，激发他们的工作动机。关于如何进行正式员工、兼职人员的能力开发、激发员工工作动机，请参见第 2 章的内容。

## 2 第一步是提供商品的附加价值

顾客在购买商品时，一定是看中了商品的某种“商品价值”。商品价值是从商品的内容、价格、店铺氛围等各种各样的因素中产生的。

其中，“店铺”肩负着提高商品价值的重要作用。因为店铺是顾客接触商品的媒介。无论生产商生产出了多么优质的产品，如果该产品无法与买家相接触就毫无意义，产品的价值也无法产生。

店铺给人提供了创造商品价值的机会，该价值又决定了生意能否成功，特别是店员日常对顾客的照顾和接待，对顾客购买行为有着巨大的影响力。

### （1）“创造者”“展示者”“购买者”

“创造者”“展示者”“购买者”这三者产生共鸣时，店铺就会成为最有魅力的场所。

创造者——生产商

展示者——店铺、销售人员

购买者——顾客

创造者收集各种信息，创造出商品。接着，为了能简单易懂地向顾客传递商品信息，思考商品的内容、展示、设计等。也就是说，将消费者“想要了解”“想进一步了解”的作品价值，通过“商品”这一形式传递出去。

展示者将创造者精心制作的商品的特性和物理性质通过店铺这一媒介进行宣传，吸引消费者。

购买者在店铺里与商品相接触。接着，购买者会感受到创造者付之于形、展示者宣传强调的商品价值，并采取购买行为。购买者的行为是对创造者和展示者活动的评价。

实际上，建立创造者、展示者、购买者三者之间联系的是沟通。不必说，店铺就是展示者。店铺如果仅是对创造者创造的商品进行摆放和陈列，就没有展示者存在的意义了。

在商品和卖场形态多样化的当今社会，如果只是购买商品，就没有必要只局限在一家店铺消费，而且还可以在网上进行购物。

顾客的目的是挑选适合自己的商品，所以如果店铺能够提供媒体已发布的信息之外的附加信息，那么就会让顾客觉得购物变得方便了、下次还想来这家店购物。

### （2）销售专家所必需的三要素

店铺如果想提高商品的附加价值，员工（包括兼职人员）必须是销售专家。所谓销售专家，是指具有提升店铺印象、商品印象，提高营业额能力的员工。店长必须有计划地培养销售专家。

要想成为销售专家，有三个要素不可或缺。这三个要素即：①专家意识；②接待技巧；③商品知识。

近来，批评和指责员工对自己职业思考不足等缺少作为职业人的自觉的声音越来越多。比如即使对顾客说了不礼貌的话也毫无愧意，或是无论顾客问什么都满不在乎地回绝说“没有”“不行”等。

也有的员工有很好的销售技巧，能正确使用收银机、又快又美观地包装商品等。但如果仅是技术好，也只能算是“专业”

（某一领域的专业人才），而不能算是销售专家。

请再次确认和检查自己店铺的正式员工、兼职人员是否是怀着销售专家的意识进行销售活动的。

### （3）有专家意识

无论哪个领域的专家都有一个共同的特点，即心理准备、精神准备都高人一筹。被称为专家的人才，都是抱着尽最大努力的决心和朝着目标前进的坚定信念对待自己所选择的职业的。

以“我不擅长办公室文职工作……”“我是碰巧被分配到这个部门的……”等含糊不清的态度去工作的人，无论积累了多少经验也无法成为真正的专家。要想成为专家，必须有“我要成为这项工作的专家”的决心。

能让顾客觉得“那个销售人员给人的感觉真好，下次还找他买东西”，也就是说，有会被顾客再次召唤的魅力的人，才是销售专家。

因此，要一刻也不放松地给予顾客关怀。

# 3 接待质量决定商品价值的提高

### （1）不花钱的最佳手段

接待顾客，是种不花一分钱也能提高营业额的最佳手段。货品种类、店铺布局的变更、POP 制作等物质性的手段都会花费一些资金。

但是，接待顾客则能通过销售员的态度和遣词措意来提高营业额。因为无论是多么优质的商品、多么优质的货品种类，提供商品时的接待质量是唯一可以左右商品价值的因素。

顾客所认为的商品价值中，除商品本身的价值之外，还包括因购物体验产生的价值。所谓商品价值，是指商品内容、品质、价格等商品本身的价值。购物体验价值则是指顾客购买商品时店铺的氛围及其当时的感受等。

顾客每次购买到商品时，都会回忆起与商品相关的所有记忆。比如，你从朋友那里收到了礼物，每次当你使用或看到这款你作为礼物收下的商品时，都会想起送自己礼物的朋友以及对方送你礼物时的情景，然后会心地一笑。商品唤起的记忆越美好，你对这款商品的中意和喜爱也就越深。

而另一方面，伴着不好的感受买到的商品，当你每次看到商品时，都会回忆起一段“不愿想起”的过去。所以无论该商品本身多么好，最终都会被消费者放到看不见的角落，或是干脆处理掉。

也就是说，商品唤起的记忆，是能够左右对于购买该商品的当事人来说的商品价值的。

购物体验价值，会因商品金额和购买频率的不同而有所变化。比如，你每个月都会购买杂志，所以即使在偶尔购买的那家店铺的购买体验不太好，也会很快忘记。但如果是书籍的话，该书在很长一段时间内都是自己珍爱的读本的可能性就变高了。在这种情况下，购物体验对顾客来说就会很重要。

对顾客来说，店铺不是只有一家。顾客如果需要特意购买某件商品，那么，想在商品价值和购物体验价值都较高的店铺购买，这样的想法就是理所当然的。

比如，店员拿取商品时比较粗鲁，结账时排起长队，店员对待顾客漫不经心、看到顾客也不打招呼表示欢迎等，顾客遇到这样的店员、有这样的购物体验时，就会感到不愉快。

**（2）不出成果的话就毫无意义**

接待顾客的意义在于给予顾客满意度、幸福感，取悦顾客。但是，仅让顾客感到愉快是无法令店铺得到发展的。仅单纯地让顾客感到愉快，并不能说是“优质的接待”。

做生意，不出成果的话就毫无意义。为了出成果，就应做好接待顾客的工作。

接待顾客的本质是，“让顾客购买商品、反复来店消费”。

只有通过接待服务让顾客购买商品、获得满足，并感到“想再次来店消费”，才能称得上是“优质的接待”。

接待顾客的根本在于沟通交流。关于怎么沟通交流，并没有固定答案。在极短的时间内，面对不熟悉的顾客，能做的事情非常有限。所以，在很多微小的细节上会产生较大的差异。

但是，顾客千差万别，在何时会遇到什么样的顾客，都是未知数。

比如，你可以试试在“感谢您的惠顾”这句话后再加上一句话。这样一来，店铺和顾客的互动就不再仅以物品和金钱的交易结束，而是有了感情上的互动。让顾客有安心、舒适、快乐的购物体验就是在那一句话和微笑之中产生的。

### （3）把该做的事做好

认真问候顾客，说话时注视顾客的双眼等，“把该做的事做好”很重要。

这对培养销售能力很重要。提出“印象管理”的学者戈夫曼做出了“印象管理指人们试图管理和控制他人对自己所形成的印象的过程”这样的定义。在“印象管理”之中，含有“日常”也就是日常生活中人们展示在他人面前的形象这一意义。

接待顾客的基本用语有以下这些：

“欢迎光临！”

“好的，明白了！”

“让您久等了！”

“不好意思！”

“十分抱歉！”

“感谢惠顾！”

“欢迎您下次光临！”

所有销售员都必须熟知这些接待顾客的基本用语。但是，能将这些基本用语在现场灵活运用的销售员却少之又少。虽然知道这些用语，却表达不出来；虽然说出来了，却毫无感情，这样的情况很多。

接待顾客时使用的是“声音”的语言。声音语言与书面语言不通，具有更易于表达出感情的特点。所以，不含感情地说出口的接待语，顾客是会感觉到的。

自助式购物的店铺接待顾客的时间较短。为了能够在短时间内让顾客满意并获得愉快的购物体验，必须正确、恰当地使用基本用语。

### （4）小的契机能够提高购买体验的价值

下面的例子能够说明，店员没有预料到的微小的契机是如何在顾客心中产生价值的。故事来源于一家首都圈连锁超市的店长。

这位店长非常喜欢孩子，经常与孩子们搭话。有一个小女孩儿经常和奶奶一起来这家超市购物。这位店长每次见到这个小女孩儿都会跟她打声招呼，说句：“你好，今天天气不错哟！”

这样的事情持续了一段时间后，有一天，小女孩的奶奶对店长说：“这孩子每次来店时都非常期待得到店长的问候。”而小女孩儿就在奶奶身旁腼腆地站着，十分害羞。

于是店长觉得：自己不经意间做的小小的问候，居然会被人如此地期待。这件小事也使得这位顾客对这家店产生了情感。以后我一定要更加重视这样的小细节。

或许，这样的小细节都是非常不起眼的小事。但如果连这些如此微小的细节都做不好，在关键时刻也绝不可能令顾客满意。

“我想再去一次那家店”，要想让顾客产生这样的想法、让顾客选择自己的店铺，令顾客感到愉快的接待服务是必不可少的。令顾客感到愉快的接待服务直接关系到店铺生意的好坏。

# 4 软实力的发挥

## （1）何谓软实力

所谓软实力，是在国际间表现一国魅力时使用的词语。哈佛大学的约瑟夫·奈教授对“软实力”做了如下定义：

软实力是①非强制性地，②从双方关系上，③控制对方，④得到自己想要的结果的能力。

如果将软实力应用在店铺经营上，结果如图表 3–1 所示。

图表 3–1　店铺软实力的基本构造

| 约瑟夫·奈教授的定义 | 意义 | 店铺经营 |
|---|---|---|
| 非强制性地 | 具有魅力 | 货品种类、店铺布局、沟通交流的魅力 |
| 从双方关系上 | 发挥魅力吸引对方 | 为把魅力传递给顾客所进行的宣传 |

续表

| 约瑟夫·奈教授的定义 | 意义 | 店铺经营 |
|---|---|---|
| 控制对方 | 激发对方“想去”的欲望 | 给予顾客满足感 |
| 得到自己想要的结果 | 最终获得利润 | 获得利润，进一步活跃店铺 |

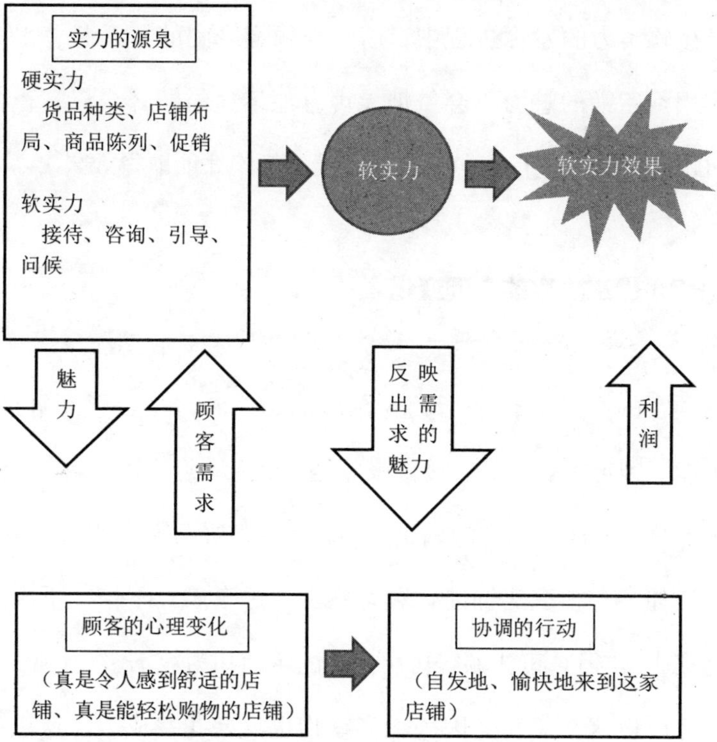


在此希望大家注意一点，在软实力发挥出作用前，需要有一个过程。

①让顾客发现店铺软实力的源泉（店铺的魅力），并让顾客利用这一实力。

②了解利用店铺软实力的顾客的需求。

③对了解到的需求做出反馈，向顾客展现更多的魅力。

④产生软实力的效果（产生利润）。

在软实力的发挥过程中，店铺与顾客之间的关系起着很大的作用。店铺的魅力不会被悄无声息地传递给顾客。只有积极地向顾客宣传，进行双向的沟通交流，最终才能取得效果。

### （2）促进顾客的心理变化

顾客的心理变化是指顾客在店铺购物时，是否感到舒适、是否能买到想买的商品、接待服务是否令人满意等。

但是，一次、两次的满足并不算是强烈吸引顾客的实力。

比如，有很多店铺能让顾客感觉“这家店真不错，下次还来这家店”。但真正让顾客再次光临的店铺却为数不多。

之所以这么说，是因为顾客购物也需要花费成本。这里所谓的成本，是指购物时逛街走路所消耗的能量，为此所花费的时间等。这些被称为“购物成本”。

顾客如果认为增加购物成本不会获得任何好处，是不会再次光顾店铺的。对顾客而言，购物成本是一项很大的负担。

一项实验结果表明，比起心情较好的时候，感到疲劳时的购物数量仅为心情较好时的购物数量的三分之二左右。

要想向顾客提供其增加购物成本后能获得的好处，必须了解顾客需求。POS数据分析、积分卡的利用分析、订单要求、咨询问题、店内行动等，可以从各个方面找出顾客需求。然后根据顾客需求，进行店铺的改善。

### （3）提升顾客参与型的魅力

如果仅是促进顾客的心理变化，了解顾客需求，并对这一需求做出反馈，最多只能让顾客感到“这家店好像有点不太一样啊……”。

要想让顾客自发地、愉快地光顾店铺，并在不知不觉间来店消费，就不能让顾客只感到店铺“好像哪里有点不太一样”，而是要让顾客切实地感受到“不一样”，并对这一“不一样”感到满意。

为此，采用“提升顾客参与型的魅力”这一方式效果会很显著。

所谓顾客参与型，是指让顾客参与到店铺的改革和活动中。这一思考方式被称为“用户参与型营销”。

在美国，有的零售行业会采用一种在店铺内放置反馈卡（意见卡），然后将顾客投递的卡片直接送至总经理处的系统。美国知名大型超市艾伯森就将“需求卡”放置在了收银台和服务台。在这家崇尚自然、健康的超市的食品卖场出口处，放着“顾客心声”告示板，顾客的意见、投诉、来自店方的反馈都会被一齐张贴出来。食品卖场中，依据顾客的心声和需求备货的商品上，会附上“这是按顾客要求备货的商品”的 POP 广告。

这样的措施能够展示和强调店铺重视顾客心声，并迅速采取行动的姿态。另外，通过这种听取顾客需求的系统，顾客会积极地表达自己的意见，从而提高顾客满意度。

如果店铺判断顾客意见不适合自己的店铺，不予采纳时，必须在充分考虑提出意见和建议的顾客的情绪的基础上，慎重地做出回应，如“由于卖场面积有限，很遗憾无法采纳您的意见。但是，今后我们一定会积极考虑和探讨采纳该意见的可能性，敬请您今后继续支持我们”等。

### （4）三种能力

软实力由三个要素构成。这三个要素分别为：

· 被选择的能力。

· 散发魅力的能力。

· 收集、分析信息的能力。

**①被选择的能力**

被选择的能力，是指店铺的经营资源。店铺的经营资源包括店铺位置、店铺面积、商品种类数量等硬性资源，和人才、销售技巧等软性资源。被选中的能力是稳定的，是被任何顾客都能公平地享受到的。该要素与营业额、利润等紧密相关。

**②散发魅力的能力**

散发魅力的能力是每家不同店铺都具有的独特的魅力。包括外观、内部设计、货品种类的多少等硬性魅力，和员工人格以及从中产生的店铺氛围等软性魅力。传递店铺魅力的能力有一个特点，即会被接受这一魅力的顾客的情绪所左右。

**③收集、分析信息的能力**

收集、分析信息的能力是指实时地把握店内外发生的所有大事小事，然后以此来调整店铺自身革新方向的能力。

收集信息包括 POS 系统和积分卡系统等利用信息系统收集信息的方法，从顾客反馈、沟通交流中得到的信息，对顾客进行观察等人为的收集方法。

分析信息时，信息量越大，越需要能够甄选出必要信息、理解信息所包含的意义的能力。

这三个要素相互关联。特别是散发魅力的能力和收集、分析信息的能力最终会有助于提高店铺被选中的能力。

### （5）三种能力的平衡

店铺在开展软实力战略时，必须要权衡并组合运用这三个要素，但将这三个要素全部包罗进来，并不是一件简单的事。

但是，通过分析这三个能力的源泉，就会发现店铺自身的优势所在。比如，如果是大型店铺，硬性资源、硬性魅力、信息系统的利用，这些会是比较容易利用的资源。而中小型店铺则会在软性资源、软性魅力、人为的信息收集方面更有优势。

店长必须在合理组合和利用这些能力源泉的同时，发挥出店铺的软实力。

# 第4章

# 打造有魅力的店铺

# 1 以打造“令人着迷”的店铺为目标

### （1）安排相遇的场所

店铺，是顾客与商品相遇的场所。如果这一相遇的场所对顾客来说是愉快且有吸引力的，它就会成为店铺最大的战斗力。

要想让店铺变得有战斗力，最重要的是了解“店铺是什么”原则，并进行实践。

在日语中，“店”这个字包含了源自“展现”“观察”“判断”“吸引”的综合意义。

①展现——呈现在顾客眼前，让顾客可以看见。

②观察——观察、判断。

③判断——思考判断是好、是坏。

④吸引——吸引、使人着迷。

店铺的语源是在思考“店铺到底是什么”时的重要线索。“展现”“观察”“判断”“吸引”是在进行店铺布置和设计时的确认项目。在市场饱和、竞争激烈的当今社会，如果不能“吸引”住顾客，就无法称为是有魅力的店铺。

### （2）从“卖场”向“买场”转变

从经营的立场出发来考虑，店铺固然是“卖场”，但从顾客的立场出发来看，店铺则是“买场”。店长必须理解这其中的差异，并细致地揣摩店铺设计和备货种类。顾客的购买行为虽因人而异，但可以大致区分为以下三个类型。

**①非日常购物类型**

每年仅进行几次购买，脱离日常生活的“享受梦想的购物”。购买地点主要是高级专卖店、百货公司等。另外，把旅行等非日常体验作为购物的动机，也可算作这一类型。顾客的梦想从其到访买场那一瞬间就开始了。

**②采购生活必需品的购物类型**

日用品、食品等生活必需品的现实性采购。这些物品的购买频率最高，购物主要选择在“离家近”“可在短时间内做出选择”等地点，多为便利店、食品超市、移动售货亭等。顾客希望尽可能快速地完成购物。

**③丰富生活的购物类型**

将高品质生活、追求时尚等顾客的梦想拉近现实生活的购物。名牌商品和设计师商品在日常生活中难以入手，但由于商品流通构造的改革和直销模式的诞生等企业提供商品方法的变革，使消费者的梦想得以实现。这类购物多以专卖店和大型专门店等为购买地点。另外，像想要换一个新颖、漂亮的发型的这样的顾客需求也包括在这一类型中。顾客会带着比较有可能实现的“梦想”造访买场的，所以对能使梦想实现的信息非常敏感。

## 2 店铺建设所必需的每天的积累

打造一家好的店铺少不了每天的努力。因为店铺所处的环境在不断变化。在变化的环境中，与店铺经营紧密相关的有竞争的增加、消费者需求的变化。

### （1）竞争的增加

竞争对店铺的经营有很大的影响。近年来，各种业种的“业态化”都在加剧。

所谓业态化，是指“通过把握某一顾客层消费者的生活场景，谋划适合其生活方式的商品，并使两者相一致的服务和商品销售行为”。业态化如果加剧，为丰富“生活场景”，以往仅有一定货品种类的店铺就会按照自己的想法扩大销售商品的种类和范围。

还有一个竞争对手不容忽视，那就是网络销售。网络销售商品品类繁多，对商品价格、功能等的检索也更充分，同时还能提供快速反馈等高质量服务，因此得到了顾客的信赖。

**（2）消费者需求的变化**

消费者的需求每天都在变化。所谓需求，就是顾客从商品中寻求的价值。

我们以“书籍”为例，思考一下何为需求。

书籍，就是将消费者想要获得“知识”这一需求，以形状、文字大小、图片的应用等肉眼可见的形式，进行包装后产生的商品。消费者就从书籍的包装中感受到“价值”，然后购买。

但是，消费者所需的“价值”各种各样，难以把握。即使很多顾客想要购买相同的商品，但他们所认为的商品优点却不同。比如，购买图画书的顾客会以“喜欢故事内容”“图画风格可爱”“是作者的‘粉丝’”“想买来作为礼物送给他人”等形形色色的理由来购买该图画书。

“价值”发生变化的主要原因有流行趋势和经济全球化等共通的原因，也有入学、就业、结婚等生活方式变化，和兴趣、心理变化等个人原因。

消费者需求不会急剧变化，而是每天逐渐地发生着改变。店长即便能够快速应对急剧的变化，但有可能对这种逐渐的变化束手无策。如果不能意识到每天的变化并对这一变化进行应对，顾客就会感受不到卖场的魅力，进而不再光顾。

# 3 舒适且吸引人的卖场布置

## （1）卖场布置的定义

所谓卖场布置，是指提供舒适的购物环境，让消费者尽可能多地购买商品，并使经营资源的生产率最大化的活动。

有很多人在新员工时期，会遵照老员工的指导和教育进行商品陈列。虽然新员工几乎没有商品和顾客需求的相关知识，但也能“凑合着”进行卖场布置。然而，这种卖场未必会是令顾客感到“舒适且有魅力的卖场”。

布置卖场时，不可或缺的是通过学习商品知识、接待顾客、调查商品销售情况、制作 POP 等日常业务敏感地感知变化。优质卖场能使店员和顾客都感到愉悦。

卖场布置最重要的是每天的积累。每天都持续积累，确实是件非常困难的事。但店员自身如果能够乐于熟悉商品、了解顾客、提出想法、付诸实践，那么每天的持续积累也会成为可能。

### （2）卖场布置的原则、掌握“8C”

卖场的布置不仅仅是一项技术工作。卖场的构成中除了店铺的氛围及布置、商品力、顾客的接待，还有顾客层、卖场的氛围等要素。因此，短时间内是无法打造出所需所想的卖场的。不过，对卖场进行控制是有可能的。从控制的视角来看，需要掌握的是卖场企划的“8C”（表 4–1）。

表4–1　卖场企划的“8C”

| |
|---|
| ①Cleanliness：整洁<br>②Convenience：便利<br>③Customer Service：顾客的接待<br>④Confidence：信赖<br>⑤Change：变化<br>⑥Color Control：色彩<br>⑦Comfortable：舒适性<br>⑧Cost Control：成本的控制 |

#### ① Cleanliness ：整洁

整洁是指时刻保持卖场环境的整洁和干净。这个词语不同于只表示清洁、干净的 cleanness，还是一个无缺货、断货的整洁的商品陈列状态的广义概念。彻底实现卖场的整洁，是店铺获得利润的基本条件。

**② Convenience：便利**

便利对顾客来说就是方便、有用。比如，顾客不需要询问店员想买的商品在哪里就能自己找到的店铺，以及把顾客所需要的有“价值”的商品集中陈列在同一地点的店铺，就能让顾客感到非常“便利”。

**③ Customer Service：顾客的接待**

卖场极为重视顾客的接待，但仅靠表情、视线、身姿、态度、接待用语、倾听的姿态这六点，并不能抓住顾客的心。接待顾客最重要的一点就是对待顾客怀有感激之情。如果对选择自己店铺购物、特意花费时间光临本店的顾客持感谢的态度，并有将之传达给顾客的意识，自然而然地就能掌握待客之道。

**④ Confidence：信赖**

所谓信赖，是指顾客相信“在这家店，一定能买到心仪的商品……”这样的依赖之情。不能得到顾客信赖的店铺，是让顾客感到不安的店铺。比如，让顾客感到“在别家也许能找到更好的商品”“商品品类太少了”等的店铺，就会让顾客感到不安。得到顾客的信赖并不容易。但是，敏感地捕捉顾客的不安，并采取措施逐一改善，诚意一定会传递给顾客。

⑤ Change：变化

店铺所处的经营环境是急速变化着的。如果不能应对这些变化，并提供给顾客“前所未有”的商品，不仅会被变化的浪潮淹没，还会被对这种短暂的生命周期习以为常、拥有较高信息感应度的顾客所厌倦。因此，对店内的展示、陈列、商品替换、商品布局等进行改变必不可少。

⑥ Color Control：色彩

色彩会因使用方法的不同而产生不同的效果。作为一种向消费者宣传等的沟通手段，重视色彩的企业越来越多了。

⑦ Comfortable：舒适性

舒适性，是指顾客在店内感到放松、愉悦。想提高店铺舒适性，就必须提高店铺的综合实力。也就是说，提高店铺的整洁、便利、接待、信赖、变化、色彩的综合实力。舒适性不是一朝一夕就能够营造出来的。最重要的是平时就要从顾客的视角出发，考虑“怎样才能让顾客在店内舒适地购物”，并采取措施不断地进行改进。

**⑧ Cost Control：成本的控制**

无论制订了多么精彩绝伦的店铺企划，一旦受制于店铺的利润，以及成本的花费，经营就不可能顺利。因此，控制成本的视角不可或缺。在数据分析管理中，经常会使用“营业额－成本＝利润”这一计算公式。

但是，营业额减去成本后的数值即为利润这一思考方式其实是一种顺其自然的态度，称不上是一种有效的“成本”使用方式。因此，营业额－目标利润＝必要成本，这种思考方式很有必要。即通过想要创造的目标利润数值来思考能使用的成本。因为目标利润已经明确，所以能避免成本的浪费。

# 4 店铺设计方案的制订

店铺布置是卖场的基础。为增加顾客与商品相遇的场所，能让顾客在店内转一转、浏览商品、驻足停留的设计必不可少。店铺布置的变更对店铺来说是一项较大的工程，以人的身体打比方，店铺布置相当于人的骨骼，是最重要的组成部分。如果店铺布置出现了问题，就必须下定决心变更设计，让卖场焕然一新。

## （1）客流线计划

客流线计划，是指能使顾客走遍店内的诱导计划。客流线越长，对店铺越有利（图 4–1）。进行客流线调查的目的和效果主要有三点（表 4–2）。

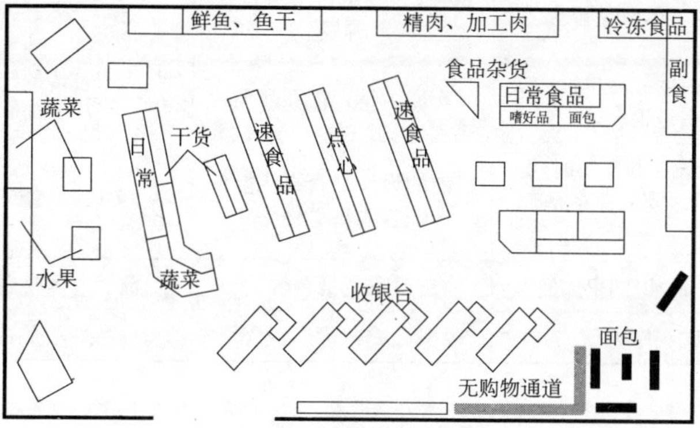


【客流线调查结果】

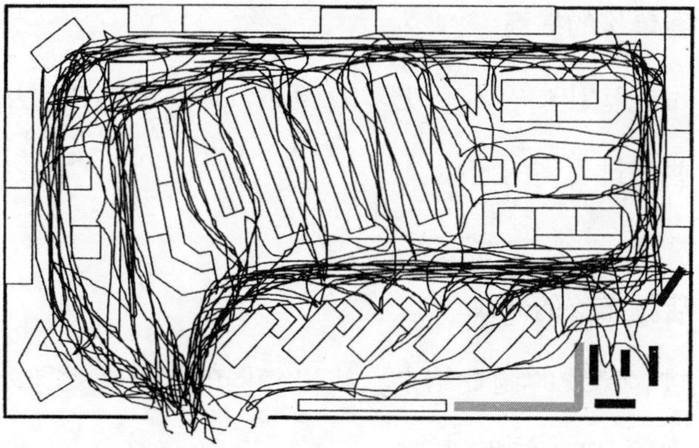

**图4-1　食品超市的设计和客流线**

（出处）铃木国朗:《陈列和销售的教科书》, 商业界出版。

表4-2　客流线调查的目的和效果

| 客单价的提高 | 店铺布置的修改 | 备货种类的修改 |
|---|---|---|
| 目前的客单价是否合适 | 最强、最弱的部分分别在哪里 | 商品分类是否合适 |
| 客流线长度和客单价的关系是否合适 | 卖场内是否存在死角 | 与店内宣传的结合情况如何 |
| 客流线长度与滞留时间、客单价之间的关系是否合理 | 目前的设计是否真正能使顾客购物更轻松 | 关联购买度如何 |
| 路过率、识别率如何 | 过道宽度是否合适 | 商品分区是否合理 |
| 购买率如何 | 吸引点的布置是否合理 | 商品展示是否合适 |

**①客单价的提高**

尽可能地让顾客看到更多的商品，促使顾客在卖场购物时购买一些路过看到的商品。

**②店铺布置的修改**

通过客流线的调查结果，找出较弱的部分、卖场死角，抓住变更店铺布置的契机。

**③备货种类的修改**

判断商品分类、分区、展示是否合适。

### （2）过道宽度的确保

如果过道狭窄，顾客每次逛卖场时就会感到不悦。过道的宽度根据店铺的规模而有所不同。如果过道较宽，陈列空间就会变小，因此大家容易产生只需保证最低限度的过道宽度的想法。但是，在顾客对商品进行比较和选择的区域以及收银台前，会有较多顾客停留。这类场所被称为顾客滞留区。在设定过道宽度时，必须要考虑到顾客滞留的情况，确保过道宽度。

过道分为主过道和副过道。主过道是被进入店内的八成以上顾客利用的过道，从店门口直通到店内最里面的店内最宽的一条过道。主过道必须是行走方便、视野良好的。主过道的宽度最低也要确保能够容纳两名顾客同时双向交错行走。想让普通身材的成年人能够自如行走，需要至少 60 厘米的宽度。因此，想实现两人同时双向交错行走，就要至少保证 120 厘米的宽度，再考虑到顾客滞留的情况，就必须确保 180 厘米以上的过道宽度。副过道的宽度要确保能让一名顾客轻松自如地行走。一般情况下，应保证 100 厘米以上的过道宽度（图 4–2）。

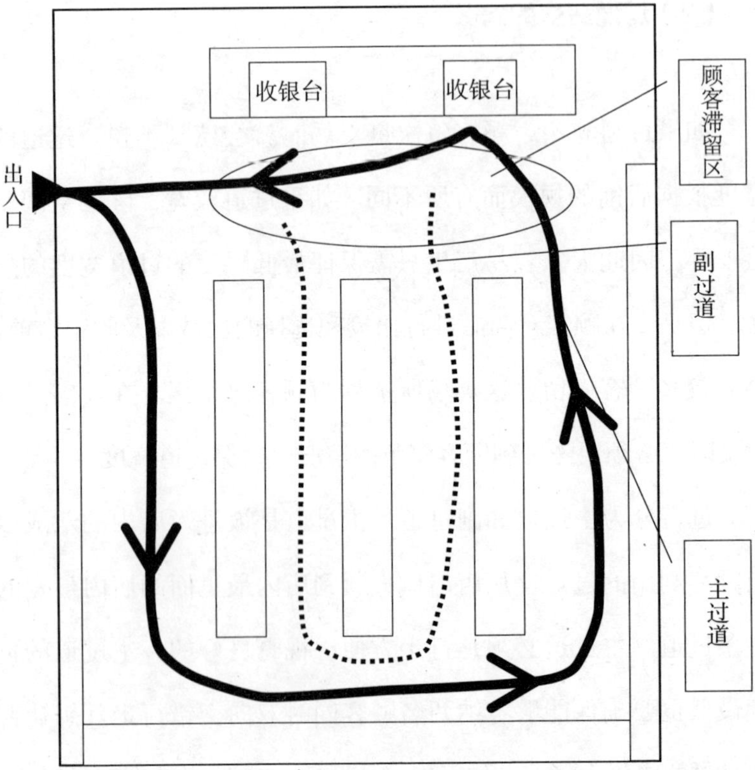


图4-2 便利店的过道设计

### （3）商品总括（范畴）的确定

所谓商品范畴，是指在消费者认为具有关联性和替代性的商品分类中，易识别、可管理的商品集合。

请读者注意，商品范畴的视角存在于“消费者需求”中。

按不同生产商进行分类对店铺来说或许比较易于管理，但这种分类却不一定是“消费者认为的具有关联性和替代性的分类”。因此，必须要在把握自家店铺顾客层的基础上，思考商品的范畴。

商品范畴分类是与竞争对手店铺形成差异化的基础。就目前零售店的商品范畴分类来看，整个业界均呈一致化，缺乏变化。缺乏变化的店铺没有趣味性，对顾客来说就少了魅力。商品总括（范畴）的确定，取决于店长的经营手段和技巧。

### （4）商品配置（分区）的确定

分区，是指对分类后的商品范畴，进行使顾客“易于看到”“易于比较”“易于拿取”的卖场配置。

在分区方法中，有一种方法是将店铺按照“集客区域”“选择区域”“目的性购买区域”这三种类别进行分区。这三个区域应按照由卖场入口到里面逐渐深入的方式进行配置（图4–3）。

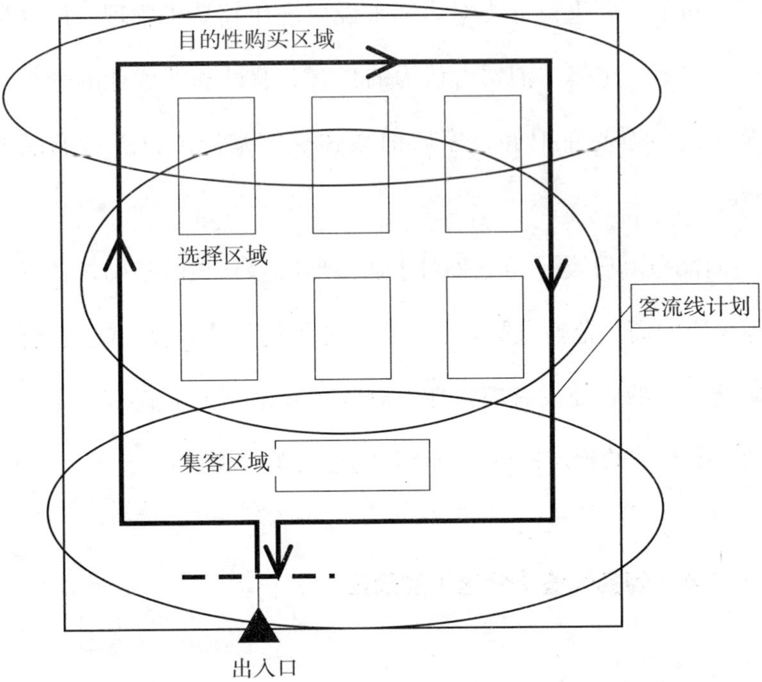


图4-3　三个区域

①集客区域

集客区域是包含集客目的在内的商品陈列区域。比如，在此区域中会陈列一些比较能轻松拿取的特卖商品等。顾客来店时，会感受到这个区域带来的冲击。但是，入口周围如果陈列一些顾客能够轻松拿取的商品，会使店面热闹起来，顾客也就比较容易踏足店内。

**②选择区域**

选择区域是能够对大量商品进行挑选的区域。选择区域要立志打造能够让顾客感到“挑选商品很愉快”的氛围。选择区域需要对范畴、关联商品的陈列、推荐商品的区别、卖场导览的设置等进行精密的安排。

**③目的性购买区域**

目的性购买区域是陈列高价商品等的区域。消费者一般都有在斟酌商品内容后选择高价商品的倾向。另外，还会有很多顾客要求店员对商品进行说明。比起店面入口处，店铺较靠里的位置的人流声和噪音更小，顾客能慢慢地安心挑选商品。目的性购买区域要让顾客能够悠闲地挑选商品。

# 5 激起顾客购买欲望的商品陈列

## （1）陈列的两个侧面

所谓陈列，是指将商品展示出来。展示中含有“传递信息”“促进销售”等意思。也就是说，商品陈列是将想要传递给顾客的内容在一定期间内、利用特定的空间，诉诸视觉上的展示和表现，借此向消费者进行宣传。

陈列是提高商品关注度（发现商品、关注商品的程度）、购买率（实际购买的程度）的一种技术。如果掌握了陈列技术，那么即使不花费金钱，也能对卖场进行改善，提高促销效果。

陈列具有①促进销售，②满足顾客需求两个侧面。为促进销售的陈列是指提高顾客购买欲望的方法。为满足顾客需求的陈列，是指使顾客产生安心地寻找商品、在众多商品中挑选出自己喜欢的商品的情绪的方法。也就是说，商品陈列最重要的是要满足这两个侧面，并激起顾客的购买欲望。

对于陈列必不可少的是不断地修改和斟酌。为此，卖场负责人要清楚、直接地表达自己的指示。所谓陈列，就是对顾客的“照顾”。如果卖场随处可见这种对顾客的“关照”，顾客一定会对店铺有好印象。

### （2）使顾客购买欲望减退的不安感

消费者的购买欲望在进店的一瞬间是最强的，但如果放任不管，就会逐渐减退。

顾客购买欲望减退的主要原因是，对卖场产生了“不安感”。所谓不安，是指“不放心、担心。因为对接下来要发生的事态有所恐惧，所以难以放松”（《大辞林》第二版，三省堂出版）。

不安感越强烈，购买欲望越会减退。这是因为不安感如果很强烈，顾客就会开始考虑各种问题和情况，进而对思考、考虑这件事感到极度疲劳。顾客越是感到疲劳，购买欲望越会降低。

### （3）明确重点商品

想激起顾客的购买欲望，在商品陈列方面必须要有明确的信息。这里所说的信息，是对商品内容及能够从该商品中获得的好处等进行的说明。

传递信息的方式多种多样。如果是比较重视接待顾客的卖场，可以借助推销用语 sales talk（语言）进行传递。个体销售的卖场可以利用 POP 广告（文字）等形式进行传递。但因为不可能对所有顾客进行接待，POP 广告也不一定能让所有的顾客都读到、看到，所以传递能让顾客一目了然的信息的技巧就变得非常重要。

那么，这一技巧具体应如何操作呢？传递信息的要点是：明确重点商品。

陈列商品时，如果把各种商品都陈列出来，就无法向顾客传递卖场最想要卖出什么商品了。首先，卖场必须明确最想要卖什么，即明确重点商品。要明确主角（重点商品）和配角（关联商品），用心打造出张弛有度的商品陈列。

### （4）激起顾客购买欲望的具体陈列手法

在实际操作时，想激起顾客的购买欲望，必须进行什么样的陈列呢？下面我们就围绕具体的方法进行讨论。

**①提高关注度的陈列**

首先，必须引起顾客对陈列商品的关注。如果在认真揣摩和斟酌后进行陈列，使商品的关注度提高，那么购买率也会提高。

要提高关注度，就必须充分展示出商品的特性。比如，模拟商品在实际使用中的状态，以与实际使用情况相似的形式在店内进行展示的话，效果会倍增。

服饰店都会将衣服挂成与穿在真人身上时相近的状态，使衣服的轮廓和剪裁一目了然。家具和家居等居家用品店都会按照不同生活场景将商品陈列打造成展示厅的风格。

想同时陈列多种商品时，或是有一些无法按照展示厅风格进行陈列的商品时，将商品整体陈列得清晰明了，效果会更好。这种将商品的正面（face）朝外陈列（out）的方法，被称为face out（正面陈列）。

## ②易于看到的陈列

无论是多么优质的商品，如果没能被顾客看到，也卖不出去。易于看到的陈列，能唤起顾客的兴趣。

要想使商品易于被顾客看到，就必须迎合顾客的视线和行动（表 4–3、4–4）。

**表 4–3　视线的移动和易于看到的宽度、高度、位置**

| | 视线的移动 | |
|---|---|---|
| 易于看到的宽度 | · 视觉范围在120度以内<br>· 考虑到过道宽度，1.5~2米是陈列宽度的极限 | 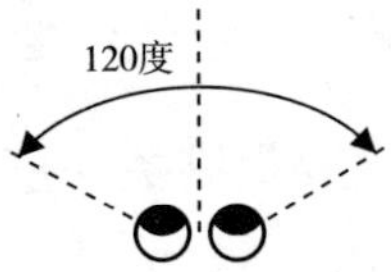 |
| 易于看到的高度 | · 最容易看到的区域是，视线高度与胸口高度之间<br>· 首先看视线以下的区域，最后看视线以上的区域 | 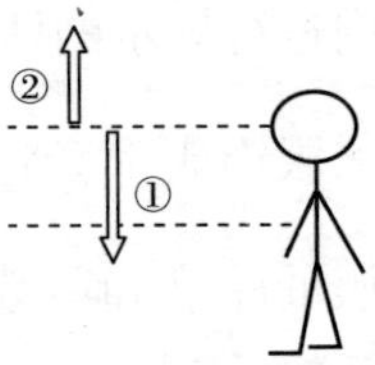 |
| 易于看到的位置 | · 视线的移动是从左向右，从上向下 | 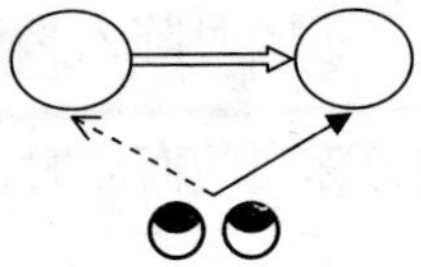 |

**表4-4　顾客的识别率和要陈列的商品之间的关系**

| 要放在左侧的商品 | 要放在右侧的商品 |
| --- | --- |
| 主力商品 | 辅助商品 |
| 名牌商品 | 想要卖出的商品 |
| 暗色商品 | 亮色商品 |
| 目的性购买商品 | 冲动购买型商品 |
| 畅销商品 | 畅销、特色商品 |
| 好销售的商品 | 滞销商品 |

在考虑人的视线的陈列方法中，最有名的一个就是黄金陈列区（golden zone）。黄金陈列区是在有效的陈列范围内，最容易看到的高度部分，也就是距地面高约85~125厘米的部分。但是，儿童和成人的有效陈列范围不同。成年人中，女性和男性、年轻人和老年人之间也存在一定差异。也就是说，根据卖场目标顾客的不同，易于看到的陈列场所也会发生变化。

货架的左右陈列也应考虑人的视线。人的视线一般会从左向右移动。假设人的视线最中央是100的话，右侧就是93，左侧就是72。将这一规律应用于陈列的话，商品的摆放方式也会发生改变。

### ③易于拿取的陈列

拿取商品的行为决定了顾客最终是否会购买该商品。顾客只有在明确该商品与其他商品之间的差异、认可这款商品的时候，才会做出购买行为。顾客通过实际接触商品，来想象购买该商品后能得到的好处。这一接触行为与最终的购买行为紧密相关。

顾客在购买商品时，会想要确认并认可商品。并不是单纯地在使用并体验商品这种较低的意识下接触商品，而是想要确定这款商品是否符合自己的个性、是否真的需要购买。

### ④易于选择的陈列

易于选择是陈列商品时不可或缺的要素。顾客会对挑选商品感到愉悦，但难以选择的商品陈列会使顾客感到不快。

比如，想在海量文件中找出某份资料，却怎么也找不到，这会让人急躁不安。而在多种蛋糕中，挑选出一个自己喜欢的蛋糕，则会令人欢欣。

找资料也好，挑选蛋糕也好，都是从众多物品中选出一个，但这个“众多”的意义却全然不同。也就是说，易于选择，是指能够从想要的东西中挑选出并决定自己更为喜欢的那一个。

易于选择的陈列的要点如下。

a. 商品分类简单易懂

按照顾客认为的不同用途对商品进行分类和整理。

b. 分类后商品的摆放简单易懂

让顾客能够立刻找到所需商品品类的陈列。

c. 重点商品、推荐商品一目了然

确保重点商品排面的同时，将其陈列在显眼位置。

d. 商品管理妥善、心理上易于选择

认真清扫和打造前进立体陈列（在货架前，立体式地陈列商品），确保没有缺货、断货。

### （5）好的陈列必须打破固有观念

只有在充分理解顾客的期待，并时刻采取改善卖场的措施之后，才能够产生好的陈列。在采取这些措施时，必须要舍弃固有观念。

比如，你是否自己给自己打上了“是我们家购物方便、轻松的卖场”的标签，然后仍然坚信以往的思维方式和经验知识呢？

想提高营业额，就必须让顾客能快速找到自己想买的商品摆放在卖场的何处，即商品的陈列位置要清晰明了。

店铺一般会将商品的陈列位置，用从天花板垂吊下来的图示板或店内导览图表示。如果你认为顾客看了图示板或导览图后就会“明白”，那么也许你就是个有固有观念、墨守成规的人。

如果我们观察顾客的实际行动，就会发现几乎没有顾客会通过看图示板和导览图去寻找商品。大部分顾客会在相关商品附近寻找，或询问咨询台。

顾客之所以不去看图示板和导览图，原因在于顾客根本就没注意到图示板和导览图的存在，或是看了也看不懂，抑或是不知道想买的商品属于哪个分类等。

店长是因为每天都站在卖场里，自己进行商品陈列，所以当然会“明白”。但如果不打造出一个让第一次光顾的顾客也能够“明白”的卖场，就毫无意义。

固有观念会使读懂顾客心声的能力减半。搞不懂顾客心意的店长，是不可能做出令顾客满意的陈列的。

消费者的生活方式和购物行为随着时代的变迁而不断在变化着。店铺必须针对消费者的变化采取应对措施。为此，店长要随时察觉变化，并主动提出新方案，这种程度的觉悟一定要有。

守株待兔是无法知晓顾客的心意的。店长和每位负责卖场工作的员工都渴望“理解”顾客的心声，这是“打造购物轻松、销售顺畅的店铺”的第一步。

# 第5章

# 学习数据分析管理、利润管理

店长为什么必须进行店铺的数据分析管理、利润管理呢?店长对店铺来说是首席管理者，即最高决策者。最高决策者进行店铺的数据分析管理有以下目的和效果：

①数据分析担负着客观展示店铺经营业绩的通信簿的作用。

②通过数据分析，能强化以顾客为中心的观念。

③数据分析在PDCA管理周期中的检查（Check）环节中十分有效。

④在正式员工、兼职人员的目标管理中应用数据分析管理，能增强具体性，对激发员工工作动机也十分有效。

⑤通过数据分析，可以与竞争对手店铺客观地进行比较。

综上所述，要想激发正式员工、兼职人员的工作动机，提高店铺营业额、利润，打造一个能与竞争对手抗衡的店铺，就必须成为一名精通、擅长数据分析管理的店长。

# 1 要想确保营业额、利润，价格战略很重要

## （1）价格的设定方法

价格设定是“市场营销学的4P理论（产品、价格、促销、渠道）”中最重要的决策。之所以这么说，是因为构成店铺营业额的基本要素就是价格。营业额的公式如下，通过这一公式，我们可以得知价格是与数量并列重要的要素。

营业额 = 价格 × 数量

在进行商品销售时，是采取高价战略还是低价战略，或者是中间价格战略，是与店铺整体战略息息相关的重要决策。通过价格的设定，店铺整体的利润额、利润率均会发生改变。

价格设定的方法有三种：

①成本导向型定价。

②需求导向型定价。

③竞争导向型定价。

①成本导向型定价，是指在进货价格的基础上加上费用和纯利来进行定价的方法。在制造业，这种方法被称为“成本加成法”，在零售业中被称为“加价法”。

<成本导向型定价公式>

销售价格＝进货价格＋销售费用＋纯利

从上面的公式我们可以知道，店长在差遣正式员工和兼职人员的同时，做到降低进货价格、控制销售费用、确保纯利润这三点非常重要。

### （2）降价

降价，是指降低之前已经确定好的定价。专业术语叫作 price down 或 markdown。为什么需要降价呢？降价发生在商品没有按照预订计划销售出去的时候。需求的预测失误是最大的要因，除此之外，降价的原因还有很多。

做出降价处理时最重要的是了解降价多少，详细掌握每个部门、每天、每个卖场等的情况。降价后最终获得了多少利润率、降价的时机选在何时合适、为什么必须要降价等，重要的是要把握好降价的要因。根据循环管理法（PDCA 循环），对降价进行计划、实施、分析其与预算之间的差异，制订下一个计划。店长要肩负起责任，指挥和差遣正式员工、兼职人员，进行部门管理，并实施店铺整体的降价预算。降价幅度超出预算时，要追究原因，并讨论下一期的对策，这一点很重要。通过下属，对日常的降价预算进行控制、管理，是店长的重要职责。

### （3）对价格有弹性意识

价格变动导致顾客对商品需求产生变化的程度，被称为“需求的价格弹性”。一般来讲，商品的价格变得越便宜，消费者需求越会增加；相反，价格如果增高，需求就会减退。

需求的价格弹性如下所示：

$$需求的价格弹性=\frac{需求的变化率}{价格的变化率}$$

假设价格为 200 日元的面包在特价销售时，售价定为 160 日元，销量达到了平常的两倍。在这种情况下，价格的变化率为 20%（$1-\frac{160}{200}=0.2$），需求的变化率为 100%，价格弹性为 $100\div20=5$。也就是说，20% 的降价能够获得 5 倍的效果。

如果将 1 万日元的商品以 5000 日元的价格销售，销售数量在原来的基础上增加了 20%，则价格弹性就为 0.4。这种商品的价格弹性比之前的面包的价格弹性低。

以 1% 的降价增加 1% 的销售数量的点（价格弹性 =1）为基点，大于该基点说明价格“有弹性”，小于该基点说明价格“无弹性”。

价格弹性不仅受到商品类别和人气程度的影响，还会因每家店铺顾客的不同消费倾向而产生巨大变化。所以要认真把握店铺的何种商品降价多少，销售数量才会增加。

光靠对价格弹性低的商品进行降价，既不能提高营业额，也不能满足顾客。相反，以价格弹性高的商品为中心，降低售价，则能够战略性地向顾客宣传“这是一家价格实惠的店铺”。

## 2 效果和效率的区别

经营肯定会伴随着损失。在卖场会发生很多损失，如果对损失放任不管，就无法增加营业额、利润。店长的职责是在保证不降低经营品质（= 不降低顾客满意度）的基础上，思考如何减少损失，并找出对策。对于减少损失的对策，必不可少的思考方式是“效果”和“效率”。

### （1）何谓效果

店长为了减少损失，必须要从效果和效率两方面着手进行数据分析管理。工厂车间等，经常会使用“生产率”这个词语。“生产率”是一个对投入量和产出量进行比较的词语。一般情况下，人们普遍认为生产率越高越好。

如果将生产率用计算式表示，则如下所示。从算式可知，与投入量相比，产出量越多，生产率越高。

$$生产率=\frac{产出量（output）}{投入量（input）}$$

· 产出量——营业额、营业数量、毛利润等作为经营结果的盈利。

· 投入量——人员、卖场面积、劳动时间、劳动天数等，人员、物资、资金、信息等经营资源。

从这一公式可知，想提高生产率有两种方法：①减少作为分母的投入量的方法；②增加作为分子的产出量的方法。所谓“效果”，就是②的方法。也就是说，思考如何在不增加正式员工和兼职人员等人数（input）的前提下提高营业额。假设正式员工、兼职人员一共有 10 人，在人数保持不变的前提下，思考如何才能将目前的营业额 1250 万日元提高到 1300 万日元、1350 万日元。关于提高“效果”的方法，如我们在第 2 章中阐述过的，提高正式员工和兼职人员的工作热情，并激发员工的工作动机很重要。

### （2）何谓效率

“效率”是通过①减少作为分母的投入量来提高生产率。店铺在无法进一步提高营业额时，就要削减兼职人员的人数，降低人事费用。“效率”是指随时关注每位员工完成的营业额、每位员工创造的毛利润等指标，并对此进行控制和管理。

在零售行业，经常使用“人时生产率”这个词语。所谓“人时生产率”，是指员工每人每小时创造的毛利润额。

人时生产率 = 毛利润 ÷ 总劳动时间

“人时生产率”如果低于员工的时薪换算额，则店铺无法产生利润。店长必须随时关注店内的人时生产率，及人时生产率是否降低。

### （3）店长要从效果和效率两方面来看待数值

店长必须从效果和效率两方面来看待卖场的各项经营数据。光追求高效率的话，会令包括兼职人员在内的所有员工感到疲惫不堪。应该在关注效果和效率之间平衡的同时，对卖场的各项经营数值进行控制。为了使正式员工和兼职人员发挥出最大的工作热情，店长必须通过数据分析管理着力整顿店铺的经营环境。

# 3 应掌握的几项数据

## （1）营业额、费用、利润的关系

店长是全权负责店铺经营的经营者。所以店长必须管理好与店铺相关的所有数据。但是，店长的职责却不仅限于数据分析管理。从兼职人员的雇用、培训到与总部的交涉、接待和应对顾客等，店长的业务范围涉及很多方面。所以店长不可能把时间只花在销售数据、进货数据、月度结算等数据分析管理上。

在本小节中，笔者筛选了几项对于店长而言比较重要的、基本的数据项目来进行讨论和说明。

作为店长经营管理基础的数值主要是营业额、费用、利润这三项。如何管理营业额和费用并创造利润，也就是说如何更有效果、更有效率地使用费用并提高营业额是店铺的目标，也是店长的职责。特别是营业额，对店铺来说是最重要的数值。这是因为，如果没有营业额，就既无法支付人事费用、煤气水电等费用，也无法支付进货款。如果营业额为零，也就无法创造出利润。可以说营业额是店铺经营的源泉。

营业额、费用、利润三者的关系可以表示如下：

①营业额 − 费用 = 利润

②营业额 = 费用 + 利润

利润包含多个种类。店铺必须把握好的利润是毛利润和营业利润。

③毛利润 = 营业额 − 营业成本

毛利润表示的是销售商品后，只除去成本，尚未扣除其他费用支出时的利润。一般情况下，毛利润都按照上面的公式，即营业额与营业成本的差额来计算。

毛利润还可以从金额和比率两方面来看待。

毛利率 = 毛利润 ÷ 营业额 ×100%=（营业额 − 营业成本）÷ 营业额 ×100%

营业成本可由以下公式计算得出：

营业成本 = 期初商品存货额 + 当期商品进货额 − 期末商品存货额

* 期末商品存货额通过期末现场实地盘货来确定。

接下来，店长必须要把握的利润就是营业利润。营业利润由③毛利润减去营业费用计算得出。想提高营业利润，对营业费用的控制就显得十分重要。在店铺产生的营业费用中，店长应管控的最重要的费用项目以及确定要点、应对策略如下：

· 人事费用——探讨正式员工及兼职人员的人事费用金额构成、人事费用占营业额的比率、劳动分配率、人时生产率、同比上个月、上一年度的比率等。

· 促销费用——对促销费用占营业额的比率、促销费用的各项费用构成的探讨，促销费用的效果分析等。

· 煤气水电费用——对同比上个月、上一年度的比率等进行比较，讨论是否出现异常数值。

· 废弃损失、降价损失、存货损失等损失——掌握不同费用项目的情况、对原因进行分析、探讨对策等。

### （2）加价率

加价率、加价额也是店铺中经常使用的数据。

加价额 = 纯利

售价 = 进货价格 + 加价额

$$\text{加价率}=\frac{\text{售价}-\text{进货价格}}{\text{售价}}=\frac{\text{加价额}}{\text{售价}}\text{（售价加价率）}$$

加价额指在进货价格上能够加上的纯利。虽然纯利越大越好，但售价变高会使商品变得不好卖。为了导入合理的价格策略，就必须理解和掌握加价率的计算。

在加价率中，有期初加价率和实际加价率，分别由以下公式表示：

$$\text{期初加价率}=\frac{\text{期初加价额}}{\text{期初售价}}$$

$$\text{实际加价率}=\frac{\text{实际加价额}}{\text{实际售价}}=\frac{\text{期初加价额}-\text{减价}}{\text{期初售价}-\text{减价}}$$

如果没有进行减价（降价），则期初加价率和实际加价率相同。

<例>进货价格500日元，期初加价额500日元，如果减价200日元，则：

期初加价率=500日元/(500日元+500日元)=500日元/1000日元=50%

实际加价率=(500日元−200日元)/((500日元+500日元)−200日元)=37.5%

## 4 营业额的基本公式

### （1）营业额 = 成交顾客数量 × 客单价

营业额可以分解为成交顾客数量和客单价。作为零售店的店长，把握成交顾客数量和客单价的情况是基础中的基础。这是因为，零售店如果不能让顾客来店并购买商品，店铺经营就无法成立。确认每天到店的顾客数量、客单价的变化情况如何是店长每天的例行公事。观察顾客数量的变化，就能了解顾客对店铺的支持情况。请记住：顾客的支持 = 店长的支持。

营业额 = 成交顾客数量 × 客单价

店铺的营业额由成交顾客数量和客单价构成。在思考如何对营业额低迷的店铺进行改善的策略时，必须考虑增加成交顾客数量的策略和提高客单价的策略。增加成交顾客数量的策略应以在店铺外部进行的对策为中心。与之相对，提高客单价的策略则应以在店铺内部（in store）进行的对策为中心。

对成交顾客数量可以进行如下分解：

成交顾客数量＝来店顾客数量 × 成交率

* 来店顾客数量：有多少顾客光临店铺。可通过服务台或传感器在店门入口处进行统计。来店的顾客数量越多越好。

* 成交率：在来店的顾客中，实际购买商品的顾客的比率。这一比率也是越高越好。

如果来店的顾客数量虽然很多，成交率却较低，说明卖场缺乏吸引力，或是店员没有魅力，总之店铺肯定或多或少存在一定的问题。店铺要经常确认成交率，如把成交率与标准值进行比较，或与上个月、上一年度的同一月份进行比较等。客单价也可以进行如下分解：

客单价＝平均成交件数 × 每件商品的平均销售单价

通过这一公式可知，想提高客单价，有提高每位顾客的平均购买件数和提高每件商品的平均销售单价两种方法。

### （2）营业额＝每名员工的营业额 × 员工人数

营业额的第二个公式以员工为着眼点。

营业额 = 每位员工创造的营业额 × 员工人数

上述的每位员工的营业额也叫作人员生产率。每位员工创造的营业额可以按照以下等标准进行衡量。

①每天。

②每周。

③每月。

④每季度。

⑤每年。

比如，每个月销售 300 万日元的员工有 10 人，则店铺的每月交易额就为 3000 万日元。如果员工平均每个月只能销售 150 万日元的话，要完成每月 3000 万日元交易额的目标，就必须有 20 名员工。兼职人员的数量计算则按照 8 小时工作时间来进行换算。

每位员工创造的营业额虽然越高越好，但如果比业界平均水平高出 2.5 倍，甚至 3 倍，则说明对员工造成的负荷太大，这也要引起注意。

### （3）营业额 = 每 3.3 平方米的营业额 × 卖场面积

营业额的第三个公式是：

营业额＝每 3.3 平方米的营业额 × 卖场面积

这一计算方法是以卖场为着眼点的思考方式。每 3.3 平方米产生的营业额被称为卖场效率（坪效率）。思考提高营业额的策略时，可考虑上述公式。

①如果卖场面积不再增加，就将每 3.3 平方米创造的营业额提高到极限。

②如果每 3.3 平方米创造的营业额不再增加，就扩大卖场面积。

那么，哪种解决方案更为现实呢？一般情况下，②的方法会因为店铺和卖场的制约而难以实现。①的方法才是店长应优先考虑的方法。

具体来说，可采取以下对策：

· 根据每个商品类别，计算出每 3.3 平方米产生的营业额。

· 找出每 3.3 平方米产生的营业额较低的区域的原因，研究对策。

· 消除卖场死角。

· 计算出第 4 章第 4 节（1）中讨论的路过率、识别率、成交率等。

关于方法②卖场面积的扩大，如果换个角度去想，也是可能实现的。比如，将以往用作后台的商品库存放置场所，按照进货后马上出货的原则，将后台作为卖场来使用，也是一个办法。彻底消除后台也许不太可能，但尽可能多地减少不与顾客直接接触的后台区域，就能扩大卖场面积。

## 5 灵活利用盈亏平衡点营业额

### （1）盈亏平衡点营业额的概念

所谓盈亏平衡点营业额，指既没有产生利润也没有产生损失时的营业额。是收入与支出持平的营业额，也就是说收支相抵的营业额。只要知道了店铺的盈亏平衡点营业额，目前陷入赤字的部门就能够建立目标，明确今后需要完成多少营业额，就能使收支相等。另一方面，目前处于盈利状况的部门也能够了解自己部门今后营业额下降多少就有可能产生赤字。

店长必须要把握好店铺整体的盈亏平衡点营业额，这点理所当然，不仅如此，店长还必须把握和了解各个部门的盈亏平衡点营业额。

盈亏平衡点营业额可以由以下公式计算得出：

盈亏平衡点营业额＝固定费用 ÷（1－变动费用 ÷ 营业额）

盈亏平衡点营业额可从以下几个角度来计算得出：

①年度盈亏平衡点营业额。

②月度盈亏平衡点营业额。

③每周盈亏平衡点营业额。

④每日盈亏平衡点营业额。

⑤各部门的盈亏平衡点营业额。

另外，如果将盈亏平衡点营业额和实际的营业额进行比较，可知以下三种情况：

盈亏平衡点营业额 > 实际营业额——赤字状态

盈亏平衡点营业额 = 实际营业额——收支平衡

盈亏平衡点营业额 < 实际营业额——盈利状态

也就是说，实际营业额大于盈亏平衡点营业额的状况最为理想。为了便于把握各个部门的盈亏平衡点营业额情况，可以将各部门按照不同颜色进行区分等。将盈亏平衡点营业额与实际营业额进行比较的比率有两个，即盈亏平衡点作业率、安全边际率。用公式表示如下：

盈亏平衡点作业率＝盈亏平衡点营业额 ÷ 实际营业额 ×100%

安全边际率 =1－ 盈亏平衡点比率

也就是说：

盈亏平衡点作业率 + 安全边际率 =1

两者为补数关系。盈亏平衡点作业率低，安全边际率高的情况最为理想。

### （2）变动费用和固定费用

店铺内产生的费用各种各样。在盈亏平衡点营业额的分析中，费用可以分解为变动费用和固定费用。

①变动费用——根据营业额的增减比例发生变动的费用。包括营业成本和运送费用等。

②固定费用——与营业额的增减无关，支出全额固定的费用。包括员工工资、折旧费用、保险费、租赁费等。

### （3）降低盈亏平衡点营业额的策略

降低盈亏平衡点营业额、提高安全边际率，这对于店铺经营来说有着极为重要的意义。为此，可以采取以下三种对策：

**①提高销售单价**

降低单位变动费用（变动费用比率）。也就是说，提高销售单价，以使变动费用（进货成本）相对降低。

**②降低变动费用比率**

削减物流费用、重新评估进货地点、进货方法。

**③削减固定费用**

实现人事费用的变动费用化、处理闲置设备、削减不必要的经费、减轻利息负担等。

### （4）通过盈亏平衡点营业额计算出为达成目标利润的必要营业额

使用盈亏平衡点营业额的公式，就能计算出为达成目标利润的必要营业额。

达成目标利润的必要营业额 =(固定费用 + 目标利润)÷(1−变动费用 ÷ 营业额)

在对店铺营业额进行预算时，为了得出必要营业额，需要用这一公式来计算。所以请务必学会如何使用这一公式。

### （5）为达成盈亏平衡点营业额的必要销售量

使用盈亏平衡点营业额的计算公式，就能计算得出为达成盈亏平衡点营业额的必要销售量。卖出去几件商品能够使收支平衡，在把握这一目标数量时要使用这一公式。

为达成盈亏平衡点营业额的必要销售量 = 固定费用 ÷（销售单价 − 单位变动费用）= 固定费用 ÷ 单位边际利润。

## 6 恰当的库存管理的方法

库存管理的目的除满足市场需求外，还有提高投在库存上的资本的使用效率的意义。但这两者属于二律背反的关系。也就是说，从服务顾客的侧面来考虑是要求店铺持有充裕的库存，从库存效率化的侧面出发来考虑则是要求店铺为防止库存过剩、削减保管费用等尽可能地减少库存持有量。

如果库存管理出现错误，就会使必要商品出现缺货、断货，从而导致店铺丧失销售机会，或是因为库存过剩而导致在库存方面投入的资本使用效率恶化。因此，恰当、有效地持有库存非常重要。

为此，应从效率化、服务消费者的观点出发，持有合理库存。

判断库存量是否合理，不能仅凭直觉和经验，而应养成通过商品周转率、交叉比率等数值进行管理的习惯。

### （1）商品周转率

商品周转率指衡量商品周转速度的指标。用营业额除以平均库存额计算得出。也就是说，从进货开始，到商品被销售出去为止的平均周期。

商品周转率 = 营业额 / 平均库存额（次）

平均库存额由以下公式计算得出：

（期初商品存货额 + 期末商品存货额）÷2

将计算得出的数值与《中小企业财务指标》（中小企业厅编著）、店铺以往的实际业绩等进行比较、探讨，判断并确定合理的库存持有量。

### （2）交叉比率

库存管理的目的之一是扩大利润。为此，店铺必须确保利润的源泉——毛利润。

交叉比率可由销售毛利率和商品周转率相乘得出。也就是说，交叉比率是体现库存是否获得收益的指标。因此，应一边考虑价格战略，一边参考以往的实际业绩以及其他公司的水平来实现库存量的合理化。

另外，关于合理库存，对业种、业态、商圈环境、季节性等因素进行全方位地考虑也极为重要。

想实现商品周转率的高速化，就无法避免要全面减少平均库存量。这里并不是说要利益均沾式地减少库存量，而是要排除不良、过剩库存。在清理过剩库存的同时，必须要根据市场需求维持合理的商品备货，这一点自不必说。

交叉比率 = 毛利润 / 库存额 = 毛利润 / 营业额 × 营业额 / 库存额

↓ ↓

毛利率 × 商品周转率

# 第6章

# 人气店铺的备货品类

# 1 吸引顾客的店铺的备货品类

## （1）顾客在选择店铺时最重视什么

关于零售店的本质，不用说自然是销售商品。所以备货品类是否充足是成为人气店铺的重要课题。

实际上，通过询问消费者在选择店铺时最重视的是什么，可以得知，得到答案最多的依次是：回答“价格”的有 61.6%，回答“商品品类（即使是同种商品也有多种类别）”的有 56.6%，回答“品质（品牌、安全性等）”的有 44.1%，回答“离家近（可以徒步或骑自行车到达）”的有 32.1%，回答“一次购物就能买到全部所需用品”的有 30.5%，包括价格在内，消费者比较重视以上与“商品”相关的项目（图 6–1）。

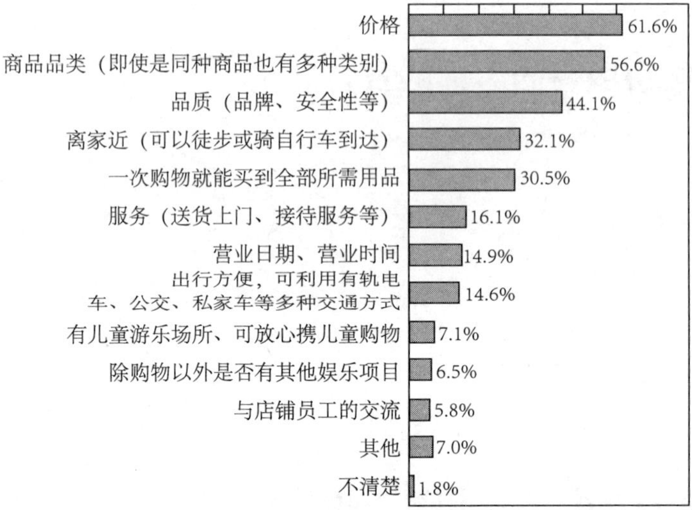


**图6–1　选择店铺时最重视什么**

（出处）《零售店等相关的舆论调查》，内阁大臣官房政府宣传办公室，2005 年 5 月。

## （2）真正的“商品品类丰富”

关于人气店铺的商品备货品类，笔者想再做进一步的详细说明。如果询问顾客什么是“吸引顾客的店铺的备货品类”，什么是“毫无魅力的店铺的备货品类”，会得到以下回答：

<吸引顾客的店铺的备货品类>

· 有自己想要的商品。

· 每次去都能发现不同的商品。

· 有新颖商品等话题性商品。

· 能从众多商品中挑选出自己喜爱的商品。

· 商品周转快，新鲜度高。

· 价格适中（合理的价格）。

· 价格明确。

< 毫无魅力的店铺的备货品类 >

· 没有自己想要的商品。

· 每次去商品都一成不变。

· 商品陈旧，积满灰尘。

· 价格高。

· 价格不明确或暧昧不清。

在考虑商品备货品类时应注意的是，并不是“好的备货品类 = 商品丰富 = 备货品类多”。

某营业额低下的女士服装店，在进行了顾客问卷调查后发现，关于“对店铺不满意的地方”这一问题，出现最多的回答是“备货品类不丰富”。所以店长将产品线扩大为原来的 1.5 倍，丰富了颜色、尺码等商品规格。但营业额完全没有改善和提高。于是，该店铺又一次实施了顾客问卷调查，结果竟然发现回答

“备货品类不丰富”的意见依然居高不下。

结果，店铺不仅持有很多不良库存，还无法回应和满足顾客需求。该店铺失败的原因正是误认为“商品丰富 = 备货品类多”。顾客不会购买自己不想要的、无法令自己动心的商品或服务。不受顾客欢迎的商品即便在店面摆放得再多，也无法满足和回应顾客的实际需求，店铺的经营状况也就得不到改善。

对顾客来说，所谓的“好的备货品类”是指“有很多自己想要的商品，能够在多种商品中进行挑选”。比如，即使有 2000 种商品，如果对于来店的顾客来说没有吸引人的商品，也就不能说这家店“备货品类丰富”。相反，即使只有 20 种商品，如果对顾客来说全都是有吸引力的商品，就会让顾客感到“备货品类丰富”。

## 2 顾客认为有魅力的商品

### （1）何谓魅力

所谓魅力，是能吸引人心的力量。在市场趋于成熟化的现代社会，仅将商品陈列在店内是卖不出去的。因为市场上的商品已近饱和，所以顾客在挑选商品时，理所当然地会精挑细选。也就是说，市场成熟度越高越需要商品有更高的完成度。

然而，市场上也有些商品质量上乘、设计精良，但就是卖不出去。这类商品滞销的原因错综复杂，有非常多的因素。但如果从“吸引顾客的能力”这一视角出发来考虑，可知这类商品的滞销情况中有不少是“没有将商品魅力传递给消费者”这一原因导致的。

魅力与人的“欲望”“价值观”有着极大的关系。所谓欲望，是一种形容人受到内外刺激的影响而付诸行动的过程（产生动机）的词语，是促使人产生行动的不可或缺的因素。也就是说，魅力是行动的原动力，而人在行动的时候会产生某种欲望。

欲望可以分为一次性的欲望（生理欲望）和二次欲望（社会欲望）。一次性的欲望指诸如口渴、饥饿、性、睡眠、呼吸、回避痛苦等，为维持生命而产生的身体的、生理的必要且不可或缺的欲望。二次欲望指成就、亲和、依存、承认、攻击等人在成长过程中培养起来的欲望。

### （2）考量顾客的体验价值

顾客在购买商品时，不仅是“付钱买商品”，也是“获得了花钱买商品的这一‘体验’”。

顾客购物既有目的明确地购买商品的情况，也有没有特别目的地为了体验购物所带来的快乐而去逛商店的情况。这是为了获得“以便宜的价格买到了心仪商品”的体验、“发现了不知名的新商品”的体验、“轻松愉快地享受购物乐趣”的体验等。这种顾客通过各种形式获得的“体验”被称为“顾客体验价值（customer experience）”，这是哥伦比亚大学的伯恩德·H·施密特教授提出的理论。

施密特教授将体验价值分成以下五个类别。

**① SENSE（感觉体验价值）**

通过视觉、听觉、触觉、味觉、嗅觉这五感，诉诸的直接感觉。这类型体验价值的例子可以举出很多，如简单、轻松地找到想要的商品的卖场规划及商品陈列、具有统一感的卖场设计、轻松的（不让顾客感到被妨碍）音乐、刚出炉的面包香气等。

**② FEEL（情绪体验价值）**

根据顾客内心深处的感觉和情感进行商品推销。通过令人愉悦的问候或诚恳、细致地顾客接待等，使顾客获得情绪上的满足感。

**③ THINK（创造、认知体验价值）**

针对顾客的才智、好奇心进行宣传。例如，以食品质量追溯体系为代表，通过食品安全性和环境保护措施向顾客传递企业理念等。

**④ ACT（身体体验价值和生活方式整体）**

针对身体和长期的行为模式，为丰富生活采取的生活方式等进行的商品宣传。比如，在以经营多种从海外引进的杂货以及食品为主的店铺，能够体验到在日本没有体验过的日常生活方式、对饮食生活有新发现。

**⑤ RELATE（依据集团和文化之间的关联性）**

激发个人的自我实现的欲望以及对自己所属集团、团队的归属意识。“爱马仕”“路易·威登”等一线品牌都会向顾客提供“拥有这件商品倍感喜悦”的体验。此外，还积极采取对食品托盘、塑料瓶等回收循环利用的措施。

这些体验都是通过商品名称、LOGO、设计、品牌形象，建筑物、零售地点等空间环境，Web网络等电子媒体，接待人员及服务提供者等各种各样的事物之间的关联产生的。

店铺也是向顾客提供体验价值的“一个个单独的媒介”。店长要根据企业理念对店铺内部进行统一，向顾客提供有效的体验价值。

# 3 商品的分类

## （1）商品的三个分类

商品构成的第一要素是，深刻理解企业自身经营的众多“商品的意义”。

商品中，有畅销商品、主打商品、特色商品这三个类别（表6–1）。请大家试着将自己店铺经营的商品分成这三类。

表6–1 商品的三个分类

| | 商品定位 | 商品特征 | 处理方式 |
|---|---|---|---|
| 畅销商品 | 顾客需求高 | 目的性购买<br>好卖 | ·放在显眼位置<br>·作为重点商品 |
| 主打商品 | 利润率高 | 必须进行商品说明 | ·与畅销商品捆绑销售<br>·补充POP和商品说明 |
| 特色商品 | 提升店铺形象 | 放在显眼位置 | ·不以销售为目的 |

畅销商品和字面意思一样，是热销的商品。提前确保畅销商品的保有量能提高营业额。另外，只要做好畅销商品的备货，就能提高消费者对店铺的信任度。

想分辨和甄别出畅销商品，就必须对时尚趋势、随季节变化的商品动向、顾客反响、其他店铺的动态等各种要素进行分析。

主打商品是店铺明确展示出销售态度的商品。挖掘顾客的潜在需求非常重要，所以提案等商品说明也很重要。主打商品是“只有在这家店才能买到的商品”“体现店铺特征的商品”“店长推荐的商品”，明确展示出店铺特点和个性，强调了店铺“特色”和“亮点”。

### （2）分析商品的方法

① ABC 分析

下面，我们根据从 POS 机得到的单品信息对店铺商品的销量进行 ABC 分析。属于 A 类的商品被称为畅销商品。

ABC 分析是一种以最少的努力获到最大效果的管理方式。占全部销售额 70% 的商品被定位为 A 类，占 20% 的商品为 B 类，剩下的被称为 C 类。各类别是由什么样的商品群构成的，对此应清晰地定位，并进行分类区分。

### ② POS 数据

根据从 POS 系统得到的销售数量前 20 名的数据，可以轻松地把握畅销商品的情况。

### ③其他店铺的畅销商品

POS 信息充其量只与店铺自身经营的商品相关。畅销商品在其他店铺的卖场中也有销售。所以店长和卖场经理必须通过调查竞争对手的店铺，收集商品信息，寻找并发现一些自己店内没有的畅销商品。

### ④市场需求

店铺要关注经常在媒体上出现的商品、消费者需求、流行趋势等，收集信息，并从这些信息中甄选出畅销商品。但一般情况下，如果畅销商品增多，民族品牌（National Brand）商品也会增多。像便利店等具有明确的经营理念店铺是另当别论，但不要忘记中小零售店有陷入价格竞争的可能性。

## 4 单品管理的重要性

### （1）把握需求动向并将之反映在商品计划中

把握消费者需求，并在店内陈列与该需求相吻合的商品，提供给消费者，这一点极为重要。而持续进行商品管理，能增强消费者对店铺的信任。

以往，我们都是以不同部门（类别）为单位，进行商品管理。但近年来，消费者需求变得更加多样化、个性化。所以很多店铺为了应对消费者需求的变化，都在力图实现商品的多品种、少量化。

商品生命周期的短缩化正在加剧。原本非常畅销的商品某天突然变得滞销的情况也屡见不鲜。因为信息化的发展进步，甚至消费者都了解并掌握了每种商品相关的丰富知识。所以即便是同类商品，因生产厂家、品牌等的不同，销售情况也会产生较大差距。

商品供应方要摒弃以往按照不同部门进行分析的方式，改为按照每种单品来把握消费动向，否则无法掌握和了解商品需求的实际情况。如果不按照每个不同商品对商品销售动向进行把握，就会容易引进销路不好的商品而使商品滞销。另外，如果不能保证畅销商品有充足的库存，就会丧失销售机会。前者会使资金效率恶化，后者不仅会难以确保营业额，还会降低店铺的信用度。

所以把握每种单品的需求动向，并将之反映在商品计划中，以此来进行商品管理非常重要。也就是说，单品管理才是创造利润的源泉。

### （2）体系的构建很重要

为进行单品管理，构建能够把握每种单品动向的体系必不可少。单品管理通过使进货、库存、销售等一系列销售规划循环发挥出机能，最终收到效果。

虽然因为业种、业态的不同特性会产生差异，但总的来说，对于现在的零售业经营，POS 系统的运用是必不可少的。通过导入和引进 POS 系统，可对每件单品的销售信息按照不同时间段、不同顾客层、不同日期进行统计和收集。对 POS 数据按照时间序列进行收集、分析是很重要的。

店铺要根据 POS 数据的分析结果，将消费者的需求以恰当的数量、合理的价格及时地陈列在卖场中。

但只有正确解读输出的 POS 数据，才能享受和体验到 POS 的优势，另外也不要忘记单品管理是不断变化着的。

### (3) 根据天气变化灵活地规划商品销售

经过单品管理后会发现，商品销售预测的精确度提高了。甚至不再依靠“经验和直觉”，而能使用各种方法来进行预测了。根据天气变化灵活地规划商品销售（weather merchandising）就是方法之一。

根据天气变化灵活地规划商品销售是种将天气和气象信息反映在进货方面的销售规划方法。

比如，气温如果达到 22 摄氏度，啤酒的销量就会逐渐走高。气温每上升一度，每天就会增加约 250 万瓶（换算成大瓶）的出货量。如果气温超过 27 摄氏度，冰激凌就会开始畅销，当气温达到 30 摄氏度，与冰激凌相比，刨冰会变得更畅销。如果是雨天，大米、洗涤剂等有些重量的商品的销量就会不好。

综上所述，根据天气和温度带的不同，畅销商品也会有所变化。所以要分析天气和气温会使商品销量发生何种变化，在进货前，也要将气象因素考虑在内。

# 5 迎合地域特性的备货品类

## （1）便利店的备货品类也有地域差异

因着眼于商圈的地域特性、地域差异，立志打造与地域紧密相连的店铺、卖场并取得成功的店铺不在少数。

比如，便利店采取的都是加盟、连锁经营的模式，每家店铺销售的商品看起来好像没有不同，但如果一件件地比较和观察商品，就会发现各个店铺存在着地域差异。比如，销售便当的区域，开设在学生较多的街区的便利店和开设在老龄人群较多的街区的便利店，两者的备货品类就有所不同。学生偏爱分量足的便当和油炸食品等，老龄人群则更倾向于选择有多种小份蔬菜的品类。

因此，我们要根据商圈的顾客特性，努力提高顾客忠诚度，致力于打造地域密集型店铺。

### （2）了解商圈

商圈指能够吸引顾客光顾店铺、商业聚集地的范围。商圈会对消费者购买行为有较大影响。商圈范围会受到店铺规模、卖场面积、停车容量、交通手段、竞争对手等的影响，所以要利用多种方法把握商圈的范围。比如以来店顾客数量为对象，通过调查，能够对商圈特性，顾客属性、购买动机、来店频率、手段，促销效果、与竞争对手店铺的比较等进行调查和研究。

关于各个区域的市场规模、成长性、竞争情况等，可根据各种统计信息以及调查数据来把握。在考量竞争对手动向的同时，为发挥出企业自身的优势，必须探讨出符合对不同区域进行细分后的市场特性的“市场营销组合（Marketing Mix）”（商品、价格、销售路径、促销手段的最佳组合）。

商圈可以分为第一商圈和第二商圈。

#### ①第一商圈

顾客中的70%~80%会来店光顾。

#### ②第二商圈

顾客中剩余的20%~30%会来店光顾。

# 第7章

# 从商品促销到顾客价值的创造

# 1 商品促销的重要性

## （1）与多种业务相关

店铺的目的是将商品销售给顾客，以此提高营业额、利润。经营的第一步是让顾客知晓店铺的存在，并让顾客购买店铺的商品。

为此，店铺要对消费者进行提供信息的活动（=交流活动）。向消费者提供恰当的商品信息，或提出新的使用方法建议，唤起顾客对商品的需求，这种经营活动被称为促销活动。

商品促销与能提高营业额的所有要素息息相关。如商品开发、开店计划、店铺设计、庆典、活动、服务等，商品促销与各种业务都有联系。

店长必须时刻意识到商品促销的重要性，并积极采取增强其效果的对策。

促销活动可以根据顾客动向和店铺地理位置的特性，采取各种各样的方法。促销活动肯定会花费一定成本。所以如果不能正确理解促销的目的，就不会产生好的效果。

### （2）推拉战略

商品促销中，有店铺主动接近顾客的推式战略（Push 战略）和顾客主动接近店铺的拉式战略（Pull 战略）。

推式战略，顾名思义，就是“推销”的方法。也就是说，店铺主动接近顾客，进行商品销售的战略。而拉式战略是“吸引”的方法，该战略是打出店铺和商品的广告，唤起消费者的需求，吸引顾客主动光顾店铺的战略。

零售店是实体店产业，靠吸引顾客做生意，所以也许有一些店长一般都会采用拉式战略。

但是，在竞争日趋激烈的当今社会，即使是零售店，也必须引进和导入推式战略、拉式战略这两种思考模式。比如，酒类销售店基本上都是在店铺进行销售。但近年来，酒类销售店的“送货上门”服务广受关注。不仅是酒类销售店，诸如便利店、网上超市等，由零售店主动接近顾客，创造营业额的例子变得越来越多。

然而，为什么“推式战略”被重新重视起来了呢？其背后的原因之一就是顾客对去购物这件事产生了“成本意识”。这里所说的“成本意识”不仅指为购买商品所花费的金额，还包含顾客为购物付出的体力。比如，时间的筹措和安排，场所的移动，换衣服出门的必要性等。大家都应该有过在休息日想去购物却觉得“太麻烦了”的时候。

以前，为了生活，花费体力去购物是理所当然的。但在物质丰富、不去购物冰箱中也堆满食物的情况下，顾客必然会尽可能地减低成本或将自己必须要买的商品集中起来一次性购买。

### （3）营业额可分解为成交顾客数量和客单价

营业额可以通过成交顾客数量与客单价的乘积来表示，这一点我们已在第 5 章第 4 节中学习过了。在此，笔者想对增加成交顾客数量的方法进行详细的说明（图 7–1）。

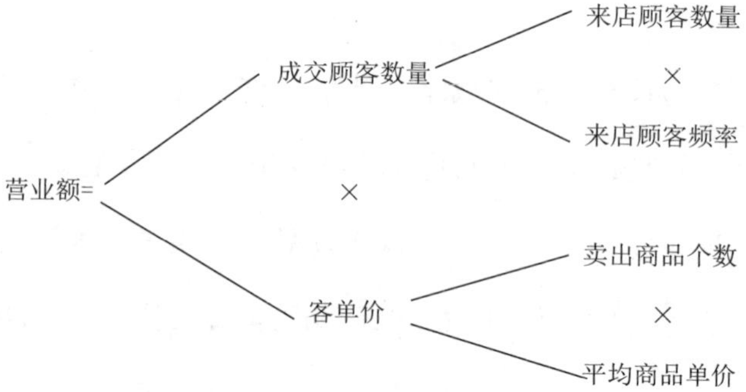


**图7–1　营业额的构成要素**

提高成交顾客数量的方法有：店铺经营理念的明确化、门面魅力的提高、服务方面的改善、传单等促销活动。

增加成交顾客的方法，是针对商圈进行商品促销。除了打造吸引顾客的门面外，还可以进行室外广告、传单的分发等。

假设你的店铺花费大量预算，举办了“以集客为目的的庆典、宣传活动”。因为这次集客庆典、宣传活动聚集的顾客是因为被庆典和宣传活动所吸引，并不一定所有来的顾客都会在店内消费，而且就算购物了也不能保证该顾客还会再次光顾。

也就是说，店方为“使曾光顾过本店的顾客再次来店消费”所做的种种努力，换言之，如果没有使顾客产生满足感、安心感、信赖感等，那么无论是花费多少成本、时间、精力举办的“广告、宣传”和“集客庆典、活动”，也不会对“商品促销”有任何帮助。

在“促销活动”中，店铺为使初次来店的顾客得到充分的满足感并使其“再次来店光顾”而采取的措施是必不可少的。想让顾客觉得“下次还想来这家店”，不仅是店铺外部，店铺内部的打造也必不可少。因为无论对店外的潜在顾客使用了多少“广告、宣传”或“集客手法”，也不会对营业额的持续提高有太大帮助。

### （4）店内促销的思考模式

在店内促销的思考模式中，有一种叫作店内营销（ISM，instore merchandising）。所谓ISM，是指将营业额分解为成交顾客数量和客单价之后，在保持成交顾客数量不变的情况下力图提高客单价的诸项措施。ISM体系的内容如图7–2所示。

客单价＝客流线长度 × 路过率 × 识别率 × 购买率 × 购买件数 × 每件单品的平均销售单价

· 客流线长度——尽可能让顾客走遍店内的各个角落、尽量加长客流线。

· 路过率——顾客在店内走动、浏览的过程中，尽可能让顾客经过更多的区域。

· 识别率——在顾客驻足的卖场中，尽可能让顾客看到更多的商品。

· 购买率——务必让顾客购买自己驻足浏览过的商品。

· 购买件数——尽可能让顾客不是只买一件商品，而是买更多的商品。

· 每件单品的平均销售单价——同样是购买商品，应尽可能让顾客购买单价更高的商品。

ISM公式在思考店铺如何进行商品促销方面十分重要。通过改善店铺布局，可以打造出令顾客能够轻松购物、视野清晰、舒适、客单价高的店铺。

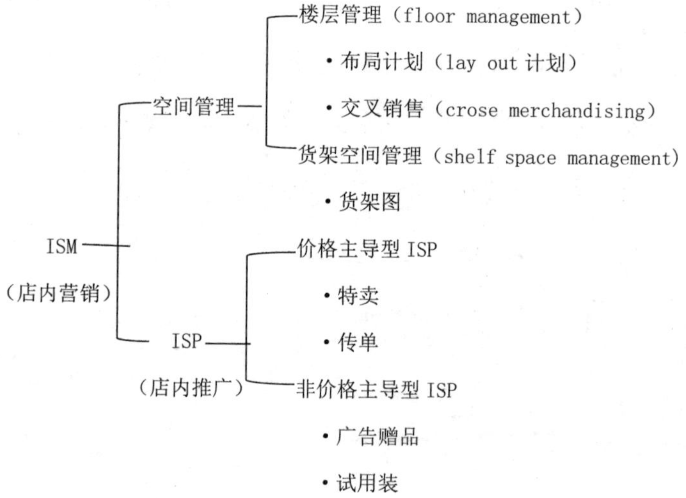


图7–2　ISM体系

## 2 有计划的商品促销

为进行有效的商品促销活动，建立和制订商品促销的年度计划必不可少。

### （1）对商品有“季节性”意识

很多商品都有“季节性”。比如，1 月份圆形年糕热卖，2 月份则是用于庆祝立春前一天的豆子等，一年十二个月中能够热卖的商品和服务中都有“季节性”商品。为了能够准确、恰当地进行这些销售活动，必须有促销活动专用的日历。

具体来说，就是对每个月和每周的庆典、活动，以及哪种商品的销售前景被看好等做详细记录，并制作成表格公布在店铺办公室等店长和员工能够随时确认的场所。通过这种促销活动日历，既能够使商品的备货和销售更顺利地进行，还有助于销售计划的制订。

### （2）商品的采购

制作好促销活动日历之后，下一步就是思考如何将其应用在实际的商品进货和销售方面。此时应该考虑的是，该商品是否符合本店的顾客层？该商品能否吸引和开发出新客源？然后，再据此改变促销活动的主题以及制订措施。

### （3）各个季节的活动安排

接下来，要思考每个季节有哪些节庆和重大事件。比如，春季有开学典礼、夏季会开放海水浴场、秋季有运动会、冬季有圣诞节……季节性的大事和节庆数不胜数。地区庆典、当地商业街和居委会举办的活动……只要仔细搜寻，一定会发现我们身边的各种各样的庆典和重大活动。

店长应灵活利用兼职人员，收集地区庆典和活动的信息。

### （4）各个季节的卖场布置

确定了各季节的重大活动和节庆等信息后，就可以开始进行季节性卖场的布置了。比如，在海水浴场开放的季节，把销售前景被看好的商品陈列在店铺最显眼的地方，提升季节感、吸引顾客的目光。

这里，重要的是确定将哪款商品作为主打商品。如果把各种各样的商品都摆出来，那么每种商品的展示面就会变小，还会给顾客留下零散、混乱的印象。因此，店铺的商品陈列应有目标和重点。将主打商品结合店内 POP 广告一齐推出，打造季节感。POP 广告的内容不能太空泛，必须要令实际使用的人产生共鸣。因为仅给出大概印象的 POP 广告是无法令顾客驻足停留的。

### （5）进行效果测定

进行完促销活动后，还要对促销的效果进行测定。比如，活动中有多少位顾客来店、营业额是多少。另外，POP 广告使商品的营业额发生了哪些变化等。

通过对促销效果进行测定，能够对店铺的促销活动进行修正和优化，进一步提高下次促销活动的水平。

# 3 强化与顾客之间的关系

## （1）增加重要性的 CRM

CRM 是客户关系管理（Customer Relationship Management）的简称。是一种强化与顾客之间关系的管理方法。

CRM 是为了使店铺生存下去而必须采取的一种与顾客进行交流的方法。

CRM 的特征是根据顾客的喜好和属性来接近顾客。将顾客作为一个单独的“个体”来对待，通过与每位个体顾客进行对话，找出并提供符合每位顾客需求的商品和服务。

CRM 之所以能够得以普及，原因有“抓住和把握顾客需求变得越来越困难”“按照性别、年龄等对顾客进行分类变得困难”等。即使观察实际来店购物的顾客，也难以通过来店目的、购买的商品等对顾客进行分层和分类。

**（2）强化与“个体顾客”之间关系的市场营销**

网络的普及给顾客的变化带来了巨大的影响。顾客通过网络能够得知商品信息、店铺信息等。所以顾客选择店铺的视角也变得非常严格了。

店铺能否接近和解决顾客真正的课题，成为顾客是否选择该店的重要因素。但顾客所持的课题是多样且复杂的（表 7–1）。

那么如何才能在这样的时代下提高营业额，并使店铺蓬勃发展呢？

答案很简单，正如我们在第 3 章中所述的，要以重视与顾客之间的交流、解决顾客真正的问题为目标。

只要将与顾客之间的交流变得更加紧密，就能把“顾客”变为单独的“个体顾客”。这样一来，就能了解每位顾客的变化，并发现和找到应对之策。

表 7–1　强化与“个体顾客”之间关系的流程

| 主导权 | 生产商 | 批发商、零售商 | 消费者 |
|---|---|---|---|
| 市场营销对象 | 大众 | 区域 | 个体顾客 |
| 与顾客的接触点 | 单纯 | 复杂 | 复杂 |
| 成功要素 | 商品力 | 选择力 | 应对顾客需求的能力 |
| 重要信息 | 商品信息 | 区域信息 | 顾客信息 |

## （3）与顾客之间关系的强化能够削减成本

实际上，与顾客之间关系的强化还能削减店铺的成本。

其理由有两个。第一，维护顾客的成本要比获取新客源花费的成本低。第二，维护做得好的顾客的购买额将占店铺营业额的绝大部分。

关于顾客的维护成本，一般认为获取一名新客源所花的经费大约是维护既存顾客所花经费的 5 倍。

而关于维护做得好的顾客所创造的营业额，则可遵循众所周知的“20∶80 法则”。也就是说，“全体人员行动所得效益的 80% 是由其中作为核心的 20% 的人创造的”。实际上，在美国知名百货公司布鲁明戴尔（Bloomingdale’s），消费额排名前 18%

的顾客创造的营业额占营业额总体的 75%。在同样是知名百货公司的美国第五大道（SAKS Fifth Avenue），30% 的顾客创造了 70% 的营业额。

也就是说，与其互相争夺新客源，不如通过加强对既有的每位顾客的关心和维护，构建与顾客之间的信赖关系，这样就能以较少的成本换取最大的成果。

### （4）与顾客之间的关系是店铺的财富

与顾客之间的关系是店铺的财富。之所以这么说，是因为顾客会持续不断地光临店铺并消费。

一位顾客在其一生之中，使用某一种商品及服务的金额的合计被称为“终身价值”（Life Time Value）。比如，一位顾客每月购买一本、每本价值 600 日元的杂志，每年的花费是 7200 日元，连续购买 50 年就会花费 36 万日元。这个数额就是“终身价值”。

强化与众多顾客之间的关系，就能获得更多的终身价值，从而获取长期的、持续的营业额。

但是，失去曾经获取的 50% 以上客源的店铺不在少数。

实际上，持续维护与顾客之间的关系并不是一件简单的事。

在长期与顾客接触和交往的过程中会发现顾客的生活会发生改变，价值观也会发生改变。

店铺本身并没有变化，顾客却发生了变化，那么两者之间的交流沟通就无法再顺利地进行下去。如果这一状态长时间持续下去，就会导致店铺与顾客之间的关系变得淡薄。

与顾客之间的长期关系的建立是指解决顾客一生中涉及的种种生活课题，并持续不断地提供给顾客支持和帮助。所以店铺必须认识并了解每位个体顾客的价值，与其进行紧密地交流沟通，并解决顾客的生活课题。

### （5）加深与顾客之间关系的过程

店铺要想持续地获取营业额，就必须加强与众多顾客之间的关系。为此，要逐渐强化与关系浅薄的顾客之间的关系，使顾客成为忠诚顾客。

店铺与顾客之间的关系深化过程，主要有以下 6 个梯度（图 7–3）。以这 6 个梯度来与顾客接触的效果较好。

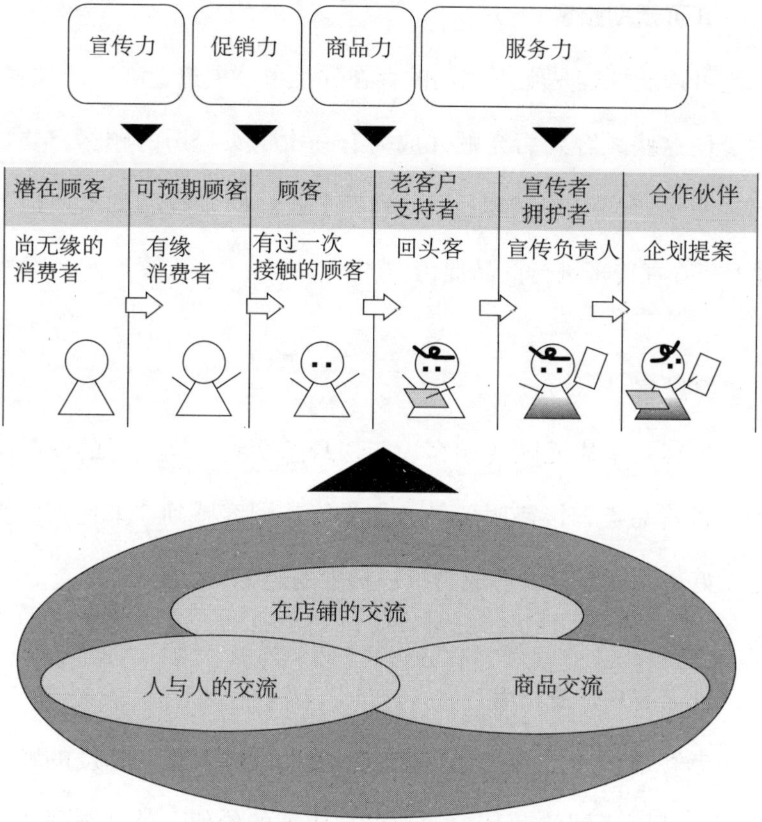


**图7–3　加深与顾客之间关系的过程**

### ①潜在顾客

尚未与本店结缘的潜在顾客。因为潜在顾客连店铺的存在都不知道，所以必须在公告板、站内广告、当地信息类杂志上做宣传或刊登广告。潜在顾客一旦知道了店铺的存在，就会成为可预期顾客。

### ②可预期顾客

可预期顾客是知道店铺的存在并准备“去逛逛吧”的顾客。为了使这些顾客到店光顾并成为有一次购买经历的顾客，要打出“明星产品 ×× 本店已到货！”“×× 的备货品类本地最丰富！”等宣传来进行商品促销。

### ③顾客

顾客是来店光顾的顾客，能切身感受到店铺实际的商品陈列、备货品类、接待服务等。如果能让顾客感到“来这家店真是太好了”就能让顾客成为下一梯度的老客户、支持者。

### ④老客户、支持者

老客户、支持者是重复来店消费的顾客。这一梯度的顾客理解和认同店铺的商品力，为提高店铺的价值，就必须强化接待服务等的沟通交流。因为老客户、支持者会重复来店，所以要尽可能地记住对方的长相和姓名，与初次来店的顾客进行区别化对待，以培养这类顾客成为下一梯度的宣传者、拥护者。

### ⑤宣传者、拥护者

宣传者、拥护者是对店铺感到非常满意的顾客，这些顾客会通过口碑将该店对外进行宣传和推广，例如“那家店 ×× 的品类特别全、特别丰富”“那家店的店员能跟你像朋友一样地商量讨论”等，所以能成为该店铺的宣传者。

**⑥合作伙伴**

再进一步深化与宣传者、拥护者之间的关系，这些顾客就会对店铺的优缺点提出“你们举办一次 ×× 的活动怎么样”“×× 好像不太好，应该加以改善吧”等店铺建设方面的意见，从而到达合作伙伴的梯度。

所有这些与顾客接触的前提是店铺的交流沟通能力。通过店铺门面、商品展示、陈列等在店铺的交流，备货品类等商品交流、接待顾客、应对投诉等人与人的交流，将顾客关系由潜在顾客逐渐提升至合作伙伴，这才是店长做促销活动时的要点。

# 第8章

# 店长的信息管理

# 1 订货前的必要信息

对卖场的订货负责人来说，需要掌握的信息种类繁多。负责人想收集所有信息几乎是不可能的，所以店长在订货时要对必要信息进行选择和取舍，然后再传达给订货负责人。下面，我们就来看一看订货时的重要信息有哪些。

## （1）一次信息和二次信息

所谓一次信息，是指为了某一特定目的而收集的新信息。通常这类信息是由企业进行收集的，收集到的信息会成为企业的原创信息。比如，为了发售新商品，作为市场调查的一个环节，对消费者进行问卷调查，或集中一定数量的消费者进行用户调查等。

一次信息的优点是能够获得适合某一特定目的的信息。但一次信息的缺点是在收集时会花费较多时间和成本。

所谓二次信息是指为其他目的而收集、加工整理现有的信息。比如，POS 信息和报纸、杂志信息等就属于这一类。国家形势调查或商业统计等国家指定的官方统计结果数据也属于二次信息。

比如，店长让卖场经理给出营业额预测值时，经理不能只分析店内信息，还必须多方面地分析店铺外部信息，也就是竞争对手店铺的信息以及商圈内的总需求信息等，以此来预测营业额。店长要对下属的信息收集工作给予支援和帮助。

### （2）过去的信息和未来的信息

信息的分类方法中，有一种方法是以时间轴来对信息进行区分。以现在为基点，将时间轴分为过去的信息和未来的信息。下面，我们就以防止缺货、断货时的情况来说明过去的信息和未来的信息的区别。为了防止发生缺货、断货，就要思考何种信息才是必要的。订货时的必要信息包含过去的信息和未来的信息（表 8–1）。

表8-1　过去的信息和未来的信息

| | 特性 | 具体举例 |
|---|---|---|
| 过去的信息 | 事实信息 | POS数据、EOS数据、营业额数据等 |
| 未来的信息 | 预测信息 | 活动、庆典的预定、天气预报等 |

所谓过去的信息，顾名思义是指过去发生的事实性信息。过去的信息的代表例子就是POS数据和EOS数据。无论怎样对POS数据进行分析，也无法预测出未来的营业额。但是，过去的信息却可以作为订货时的假说和设定来加以利用。POS数据和EOS数据的区别是POS数据是销售时点的信息，而EOS数据是进货时点的信息。当然，销售时点的信息POS数据与进货时点信息的EOS数据相比，前者的信息量要多得多。因此，在订货时，POS数据仍作为过去的信息被大量使用。

另一方面，所谓未来的信息是指对未来有可能发生的情况的预测信息。也就是诸如未来已有预定计划的活动、近期的庆典仪式、天气预报等在建立假设时的重要信息。未来的信息中既包括活动、近期庆典等准确度较高的信息，也包括未来一年的天气预报等准确度较低的信息，范围广、种类多。

为了防止缺货、断货的发生，仅收集过去的信息是不够的。必须要积极地收集过去的信息以及未来的信息。

收集未来的信息时可以利用兼职人员的口头互传。口头互传随着电脑以及手机等网络工具的普及，而变得更加重要。

信息会伴随着人类活动而产生。为了避免兼职人员 A 知道这一信息，而 B 不知道这一信息的情况，建立信息共享体系就成了店长的重大责任。全体员工要一起想出实现信息共享的方法，如每天早晨的例会、信息板的利用、电脑公告板以及博客等。

# 2 POS 数据的活用

## （1）POS 系统的优势

在店铺收集的信息中，最重要的信息之一就是 POS 信息。POS 信息是从 POS 系统中得到的数据。

下面，我们就围绕 POS 系统进行详细地解释说明。所谓 POS 系统，是指销售时点的信息管理系统。也就是将店内的 POS 收银机终端和店铺的电脑管理系统相连接，通过读取商品条形码，按照不同单品对商品的销售数据进行收集。那么，为什么 POS 系统在流通行业得到普及了呢？其理由有很多，但最大的一个原因就是店铺内缺货、断货损失的增加。一旦出现缺货、断货，对店铺来说就相当于损失了销售机会 = 营业额减少，对顾客来说，就等于丧失了购买机会 = 店铺变得不再有吸引力。缺货、断货不论是对店铺，还是对顾客，都是一种负面因素。

所以人们就开始考虑通过利用 POS 系统，按照不同单品对营业额动向进行细致、精确的管理，削减缺货、断货造成的损失。只要导入了 POS 系统，即使不能获取所有的信息，获取的信息中也能够包含大量的影响店长决策的、与商品相关的重要信息。

导入 POS 系统的优势可以按照①硬性优势（通过导入系统得到的直接好处）和②软性优势（通过利用 POS 数据得到的间接好处）这两点进行把握。

**① 硬性优势**

· 收银效率的提高。

· 收银结算时间的缩短。

· 兼职人员培训时间的缩短。

· 结算错误的预防。

· 舞弊行为的预防。

**② 软性优势**

· 畅销、滞销商品的把握。

· 缺货、断货损失的预防。

· 废弃损失的预防。

· 订货精确度的提升。

### （2）假说、验证的循环

在店铺业务中，以信息为关键点进行假说、验证的循环非常重要。所谓假说、验证就是不断进行经营管理的PDCA循环。该循环按照计划（Plan）、执行（Do）、检查（Check）、处理（Action）的顺序进行管理，是经营的根本。关于假说、验证的执行，因为店长是卖场负责人，所以让所有兼职人员都能彻底执行这一管理循环是店长的职责。

所谓假说，是为了说明某一理论而假设的一种说法和猜想。比如，假设软饮料的订购负责人订购了24瓶伊藤园出品的“好喝的茶，新茶500ml装”。思考“订购24瓶的理由有哪些”的理由、根据的过程就是在建立假说。为了建立假说，掌握“信息”十分必要。在信息中，如上文所述，有店铺内部信息和店铺外部信息、过去的信息和未来的信息等多种分类方法。

验证是指确认假说是否正确，确认、证明假说与事实之间的关系。仍以上文提到的例子来说，确认订购了24瓶伊藤园的“好喝的茶，新茶500ml装”后，将其陈列在店铺内，确认最后是否真的如预测的那样卖出了24瓶。如果24瓶都卖出去了，说明检验结果与假说吻合，但仍需提起注意。这么说是因为，虽然24瓶茶饮销售一空，但有出现缺货、断货情况的可能性。如果卖光了，下次的订购量就必须比 24 瓶再多一些。如果 24 瓶中剩下几瓶没有卖完，则必须对没有全部销完的原因加以分析。通过验证假说，能够提高假说的精确度。

在卖场建立的假说，并不一定总是准确的。甚至可以说，发生错误的情况还更多些。店长要向正式员工、兼职人员说明假说、验证的重要性，告诫员工必须去验证假说，并强调把假说反映在卖场业务中时的注意事项。

### （3）缺货、断货和废弃损失

所谓缺货、断货，是指因为店面没有某种商品而导致销售机会丧失的损失。也叫作机会损失或 chance lost。就是如果卖场（店铺）内原本有这款商品，就能销售出去，但因为商品出现缺货、断货而导致无法销售的损失。如果缺货、断货情况频发，就会流失顾客，使顾客数减少。店长必须监督和协助卖场经理，令其尽全力防止缺货、断货。这么做是因为在卖场发生的各种损失中，最令顾客感到不满的就是缺货、断货。

那么，缺货、断货是如何发生的呢？虽然原因有很多，但总的来说，是订货过程中存在较多原因。订货时如果能够认真收集信息、分析信息，就能防止缺货、断货。只要能正确地进行信息的收集、分析→假说的设定→ POS 数据的收集、分析→假说的验证这一循环，就能避免缺货、断货的发生（图 8-1）。当然，想彻底杜绝缺货、断货现象是不可能的，但是使缺货、断货现象与目前现状相比有所改善是可以做到的。店长平时要将缺货、断货的重要性不断地向正式员工、兼职人员进行说明和强调，与员工共同思考和执行削减缺货、断货现象的对策。

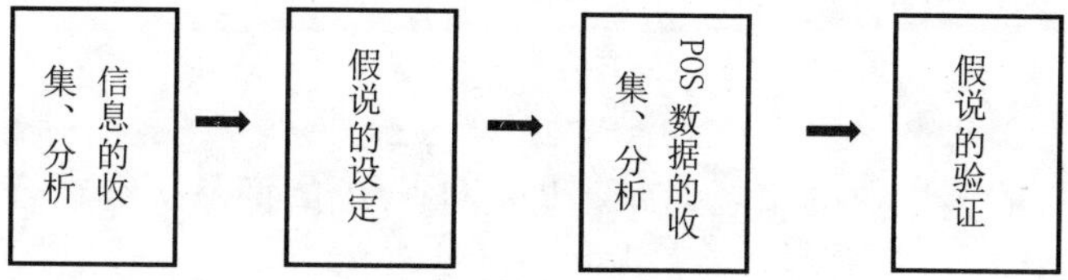


**图 8-1 缺货、断货损失，废弃损失的削减对策**

废弃损失是指便当类商品等出现销售剩余后，进行废弃处理的损失。追根究底的话，造成废弃损失的原因也应归咎于订货环节。因为假说的建立过于轻率和乐观，订货订得太多了，结果导致出现了废弃损失，这种情况并不少见。想消除废弃损失，和缺货、断货损失一样，就要切实认真地进行信息的收集、分析→假说的设定→ POS 数据的收集、分析→假说的验证这一循环。

缺货、断货损失和废弃损失是内外一体的关系。担心出现废弃损失，而缩减订货量的话，会发生缺货、断货损失。相反，如果担心出现缺货、断货损失而增加订货量，就会使废弃损失增加。因此，按照不同单品的合理订货量进行管理非常重要。店长要对正式员工和兼职人员公布并展示缺货、断货损失和废弃损失的实绩，时刻保持防止缺货、断货损失和废弃损失的发生的意识，并对削减这些损失采取相应措施。

### （4）合理订货

所谓零售业的市场营销，即把①合理的商品，②在合理的场所，③合理的时机，④以合理的价格，⑤合理的数量提供给消费者。这被称为“五个合理”。特别是①合理的商品，③合理的时机，⑤合理的数量这三个，是订货时需要考虑的重要项目。如果想得出合理的订货量，却总是订货量偏少的话，则无法把握正确的订货量。有一种方法是基于假说，下定决心大幅提高订货量，以找出合理的订货量。比如，订货量为10时发生了缺货、断货，那么干脆将订货量增加至20个，然后调查其销售情况。能够在多大程度上提高假说的精确度，是合理订货的重要因素。

店长自身并不负责订货工作，而是向卖场的员工、兼职人员说明合理订货的意义和重要性，在进行假说、验证的循环的同时，逐渐提高订货的精确度。要想提高订货的精确度，就要如上文所述的图 8-1 那样，将信息的收集、分析作为重点。

# 3 顾客和信息

### （1）潜在顾客的表面化

如果对现有顾客的数量放任不管，顾客数量就会不断减少。对店铺来说，新客源的开发是维持营业额和利润的重要战略。开发潜在顾客的方法中，有一种是进行顾客问卷调查。

店铺经常会对来店顾客进行问卷调查。为了开发潜在顾客，必须先开发出未来店顾客（= 潜在顾客）。所以即使花费一些精力和工夫，也要面向尚未来店光顾过的顾客进行问询和调查，调查核心以“为什么不来本店购物消费”“商品方面、店铺方面、接待服务方面等有哪些不满意的地方”为主。只要解决了顾客不满意的主要因素，就能让潜在顾客来店消费。

### （2）口碑的效果

口碑是一种毫不逊色于人为销售活动的促销因素。未来的店铺必须为使口碑最大限度地发挥出效果而做好准备。这是因为广告和传单是需要花费成本的，口碑营销却是一种不花费任何成本的促销手段。但需要注意的一点是，口碑的效果也有好的一面和不好的一面。因为俗话说“好事不出门，坏事传千里”。

想提高口碑营销的效果，店长不仅要着力进行商品管理和陈列管理，还要时刻关注正式员工和兼职人员的技能的提高、能力的开发。这是因为唯一能与口碑的传递者——顾客接触的就是正式员工和兼职人员。我们也可以把正式员工和兼职人员看作是店铺顾客的这一新型思考方式称为内部营销（internal marketing）(参照图 1-4、第 3 章第 1 节)。优秀的店长必须做到的是，不仅把来店光顾的顾客看作是顾客，还要把正式员工和兼职人员也看作是顾客，并对其开展如第 1 章第 3 节所述的服务市场营销。

### （3）新产品的普及过程

斯坦福大学的罗杰斯教授将新产品的普及过程及新产品的

采用者分成以下五类（图 8–2）。即“革新者”“初期采用者”“前期大众”“后期大众”“滞后者”这五类。

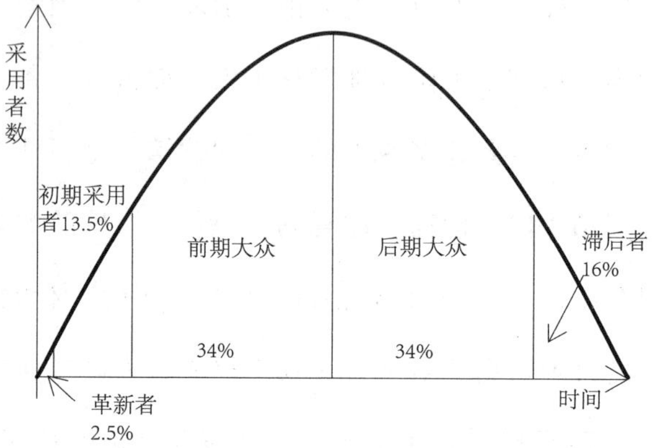


**图 8–2　新产品的普及过程及采用者类型(罗杰斯)**

### ①革新者

所谓革新者是指对新产品、新服务等信息比较敏感的人。这类采用者热衷于试用新产品和新服务，对试用后产生的风险也能积极地接受。因为他们总是不断追求新产品和新服务，所以革新者难以成为意见领袖。他们同下一类型的初期采用者不同，难以期待他们带来口碑效果。

### ②初期采用者

初期采用者富有进取精神，对新鲜事物的发展动向也非常敏感，对自己的价值观有充分的认识。可以说初期采用者像是在家人、朋友等小集团中受到拥护和爱戴，能够通过个人接触对他人发挥较大影响力的那类人。零售业应积极开发这类采用者，以使他们带来口碑效果。

**③前期大众**

前期大众是指对新产品的购买时间比平均购买时间早的那类人。这类型的采用者多与朋友一起行动，能发挥出领导力的机会较少。

**④后期大众**

后期大众是指购买新产品的时间比平均购买时间晚的那类人。为了刺激后期大众的购买，必须有周围其他同伴的大力推荐和说服。

**⑤滞后者**

滞后者是指不喜欢新产品等新变化的人。

店铺最重要的是激发初期采用者的购买动机、瞄准其口碑效果，让其带动“前期大众”“后期大众”的购买行为。利用正式员工和兼职人员等人力资源，对顾客进行分层，明确对于店铺而言哪些顾客属于“初期采用者”，并积极地接近他们、进行宣传推广，这是提高口碑营销效果的最有效的方法。

### （4）对顾客来说精简的信息才是重点

从物资缺乏的时代到如今物质极大丰富的时代，店铺的作用已经发生了巨大的变化。在店铺作用发生变化的同时，店长的职责也在发生变化。为了应对店铺作用的变化及顾客的变化，店铺和店长都必须做出改变。

虽然现在购物已经极其方便，作为生活在这个世界上的一员，顾客的烦恼依然存在。相反，因为信息泛滥，取舍和选择对自己来说有用的信息也变得令人疲惫。比如年轻女性对减肥和时尚更感兴趣，也喜欢花时间与朋友交流。而如何将这些海量信息准确地传递给顾客，促进顾客的购买行为，就成了店长的职责之一。

顾客除了作为购买商品的购买者这一侧面外，还有信息处理者这一侧面。顾客通过眼睛和耳朵来获取广告宣传、口碑宣传等外部信息，然后将这些外部信息与自己过去的经验和内部信息相结合，最后决定是否购买。比如，如果在陈列的商品上附加一句 POP 广告，就能为作为信息处理者的顾客在筛选信息时发挥一定的作用。店铺必须要通过减少顾客处理信息的时间和成本，来促进顾客的购买行为。

# “服务的细节”系列

《卖得好的陈列》：日本“卖场设计第一人”永岛幸夫

定价：26.00 元

《为何顾客会在店里生气》：家电卖场销售人员必读

定价：26.00 元

《完全餐饮店》：一本旨在长期适用的餐饮店经营实务书

定价：32.00 元

《完全商品陈列 115 例》：畅销的陈列就是将消费心理可视化

定价：30.00 元

《让顾客爱上店铺 1——东急手创馆》：零售业的非一般热销秘诀

定价：29.00 元

《如何让顾客的不满产生利润》：重印 25 次之多的服务学经典著作

定价：29.00 元

《新川服务圣经——餐饮店员工必学的 52 条待客之道》：日本“服务之神”新川义弘亲授服务论

定价：23.00 元

《让顾客爱上店铺 2——三宅一生》：日本最著名奢侈品品牌、时尚设计与商业活动完美平衡的典范

定价：28.00 元

《摸过顾客的脚才能卖对鞋》：你所不知道的服务技巧，鞋子卖场销售的第一本书

定价：22.00元

《繁荣店的问卷调查术》：成就服务业旺铺的问卷调查术

定价：26.00元

《菜鸟餐饮店30天繁荣记》：帮助无数经营不善的店铺起死回生的日本餐饮第一顾问

定价：28.00元

《最勾引顾客的招牌》：成功的招牌是最好的营销，好招牌分分钟替你召顾客！

定价：36.00元

《会切西红柿，就能做餐饮》：没有比餐饮更好做的卖卖！饭店经营的“用户体验学”。

定价：28.00元

《制造型零售业——7-ELEVEn的服务升级》：看日本人如何将美国人经营破产的便利店打造为全球连锁便利店NO.1！

定价：38.00元

《店铺防盗》：7 大步骤消灭外盗，11 种方法杜绝内盗，最强大店铺防盗书！

定价：28.00 元

《中小企业自媒体集客术》：教你玩转拉动型销售的 7 大自媒体集客工具，让顾客主动找上门！

定价：36.00 元

《敢挑选顾客的店铺才能赚钱》：日本店铺招牌设计第一人亲授打造各行业旺铺的真实成功案例

定价：32.00 元

《餐饮店投诉应对术》：日本 23 家顶级餐饮集团投诉应对标准手册，迄今为止最全面最权威最专业的餐饮业投诉应对书。

定价：28.00 元

《大数据时代的社区小店》：大数据的小店实践先驱者、海尔电器的日本教练传授小店经营的数据之道

定价：28.00 元

《线下体验店》：日本 “体验式销售法”第一人教你如何赋予 O2O 最完美的着地！

定价：32.00 元

《医患纠纷解决术》：日本医疗服务第一指导书，医院管理层、医疗一线人员必读书！ 医护专业入职必备！

定价：38.00 元

《迪士尼店长心法》：让迪士尼主题乐园里的餐饮店、零售店、酒店的服务成为公认第一的，不是硬件设施，而是店长的思维方式。

定价：28.00 元

《女装经营圣经》：上市一周就登上日本亚马逊畅销榜的女装成功经营学，中文版本终于面世！

定价：36.00 元

《医师接诊艺术》：2 秒速读患者表情，快速建立新赖关系！ 日本国宝级医生日野原重明先生重磅推荐！

定价：36.00 元

《超人气餐饮店促销大全》：图解型最完全实战型促销书，200 个历经检验的餐饮店促销成功案例，全方位深挖能让顾客进店的每一个突破点！

定价：46.80 元

《服务的初心》：服务的对象十人百样，服务的方式千变万化，唯有，初心不改！

定价：39.80 元

《最强导购成交术》：解决导购员最头疼的55个问题，快速提升成交率！
定价：36.00元

《帝国酒店——恰到好处的服务》：日本第一国宾馆的5秒钟魅力神话，据说每一位客人都想再来一次！
定价：33.00元

《服务的细节029：餐饮店长如何带队伍》：解决餐饮店长头疼的问题——员工力！ 让团队帮你去赚钱！
定价：36.00元

《服务的细节030：漫画餐饮店经营》：老板、店长、厨师必须直面的25个营业额下降、顾客流失的场景
定价：36.00元

《服务的细节031：店铺服务体验师报告》：揭发你习以为常的待客漏洞 深挖你见怪不怪的服务死角 50个客户极致体验法则
定价：38.00元

《服务的细节032：餐饮店超低风险运营策略》：致餐饮业有志创业者 & 计划扩大规模的经营者 & 与低迷经营苦战的管理者的最强支援书
定价：42.00元

《服务的细节 033：零售现场力》：全世界销售额第一名的三越伊势丹董事长经营思想之集大成，不仅仅是零售业，对整个服务业来说，现场力都是第一要素。

定价：38.00 元

《服务的细节 034：别人家的店为什么卖得好》：畅销商品、人气旺铺的销售秘密到底在哪里？ 到底应该怎么学？ 人人都能玩得转的超简明 MBA

定价：38.00 元

《服务的细节 035： 顶级销售员做单训练》：世界超级销售员亲述做单心得，亲手培养出数千名优秀销售员！日文原版自出版后每月加印 3 次，销售人员做单必备。

定价：38.00 元

《服务的细节 036：店长手绘 POP 引流术》：专治"顾客门前走，就是不进门"，让你顾客盈门、营业额不断上涨的 POP 引流术！

定价：39.80 元

《服务的细节 037：不懂大数据，怎么做餐饮？》：餐饮店倒闭的最大原因就是"讨厌数据的糊涂账"经营模式。

定价：38.00 元

**更多本系列精品图书，敬请期待！**

**图书在版编目（CIP）数据**

零售店长就该这么干 /（日）木下安司，（日）竹山芳绘 著；王思怡 译．
—北京：东方出版社，2016.5
（服务的细节；038）
ISBN 978-7-5060-9049-0

Ⅰ. ①零… Ⅱ. ①木… ②竹… ③王… Ⅲ. ①零售商店—商业管理 Ⅳ. ① F713.32

中国版本图书馆 CIP 数据核字（2016）第 115507 号

---

Kouri Tenchou no Joshiki
by Yasushi Kinoshita & Yoshie Takeyama
Copyright © 2005 Yasushi Kinoshita & Yoshie Takeyama
Simplified Chinese translation copyright © 2016 Oriental Press,
All rights reserved.
Original Japanese language edition published by Nikkei Publishing Inc.
Simplified Chinese translation rights arranged with Nikkei Publishing Inc.
Through Beijing Hanhe Culture Commnuication Co.,Ltd.

中文简体字版专有权属东方出版社
著作权合同登记号 图字：01-2016-0860

**服务的细节 038：零售店长就该这么干**
（FUWU DE XIJIE 038:LINGSHOU DIANZHANG JIU GAI ZHEMEGAN）

---

作　　者：［日］木下安司 ［日］竹山芳绘
译　　者：王思怡
责任编辑：吴　婕　高琛倩
出　　版：东方出版社
发　　行：人民东方出版传媒有限公司
地　　址：北京市东城区东四十条 113 号
邮政编码：100007
印　　刷：北京汇林印务有限公司
版　　次：2016 年 6 月第 1 版
印　　次：2016 年 6 月第 1 次印刷
印　　数：1-6000 册
开　　本：880 毫米 ×1230 毫米　1/32
印　　张：6.625
字　　数：120 千字
书　　号：ISBN 978-7-5060-9049-0
定　　价：38.00 元
发行电话：（010）85924663　85924644　85924641

---

**版权所有，违者必究　本书观点并不代表本社立场**
**如有印装质量问题，请拨打电话：（010）85924602　85924603**